新日本の遺跡 5

青森県つがる市

亀ヶ岡石器時代遺跡

縄文社会の
共同墓地とまつりの場

羽石智治 著

同成社

亀ヶ岡遺跡と屛風山砂丘地（南から）

亀ヶ岡遺跡遠景（南東から）

丘陵北縁部の土坑墓群

丘陵縁辺部には墓域が広がる

土坑墓上部のロームマウンド

土坑墓の壁溝と出土顔料

土坑墓から出土した緑色凝灰岩製の玉

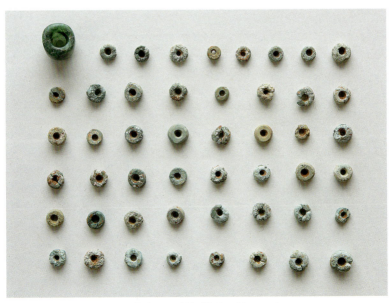

土坑墓出土の玉類(左上の径1.3cm)

出土品の多くは低湿地の捨て場から発掘されている

沢根低湿地の調査風景

沢根低湿地の遺物出土状況

縄文時代晩期に栄えた亀ヶ岡文化

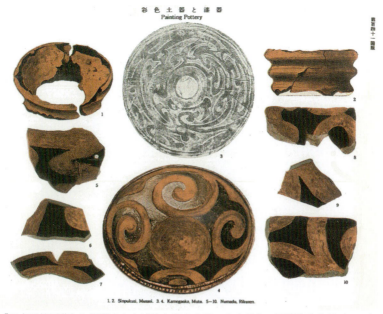

『日本原始工芸』に掲載された漆塗り彩文土器。中央が亀ヶ岡遺跡出土品（3・4）
赤漆と黒漆により彩色と文様が施されている

漆塗り土器（風韻堂コレクション）

遮光器土偶（高21.0 cm）
体部に羊歯状文と雲形文が施される。
正面・裏面に赤色顔料が残存する

技巧と装飾をこらした
道具の数々

屈折像土偶（高19.6 cm）
膝を曲げた土偶。乳房、腹部の膨らみと正中線、
腰部のパンツ状文様帯が表現される

土面（高10.6 cm）
遮光器状の眼部を有する小型の土面。紐を通すための孔がない。

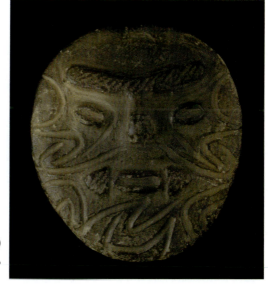

土面（高9.3 cm）
小型・平板な土面で裏面にも文様が施される

鹿角製装身具（全長11.7 cm）
溝状の刻線により文様が施される。
刻線内に黒漆塗りの痕跡をとどめる

籃胎漆器（径16.8 cm、高3.9 cm）
ササなどで編んだ籃（かご）に漆を塗った容器。底部に4カ所の突起がある

はじめに——亀ヶ岡遺跡の全体像を求めて

　亀ヶ岡遺跡の探究は、遅くとも18世紀後半の江戸時代中期に始まる。この時期に、土器や土偶のみならず縄文時代の遺跡そのものが探究の対象とされたことは、日本考古学史上まれにみる出来事といえる。以後、多くの人々が出土品とその出土地に思いを巡らせ、あるいは自ら発掘を行うことで亀ヶ岡遺跡に向き合ってきた。人々の遺跡への興味関心は幾多の発見を生み、そのことが亀ヶ岡遺跡に光と影をもたらす。ほぼ完全な状態で発見された大型の遮光器土偶や低地に埋もれた多量の土器が示すように、明治期の亀ヶ岡遺跡は国内において唯一無二の石器時代遺跡であり、石器時代人種論争とも関わることでその名が広く知れわたった。その後、遺跡の学術的評価が定まり、「亀ヶ岡文化」として先史文化の名称に用いられる一方、精巧な作りで状態もよい土器や土偶に対する高い注目度ゆえ、遺跡は昭和初期まで続く乱掘・盗掘の時代を迎える。出土遺物は散逸し、壊滅した遺跡といった負のイメージも社会に流布した。

　しかし、長い歴史が生んだ光も影も、亀ヶ岡遺跡の一面にすぎない。その証拠に、戦後復興期から現在に至るまで、発掘調査やボーリング調査、さらには自然科学分析のさまざまな手法による研究は続き、遺構・遺物の内容や遺跡の古環境に関する情報が蓄積されて多面的な理解が進んでいる。遺跡がたどった苦難の歴史にもかかわらず、多くの先人に注目され、探究の対象であり続けている亀ヶ岡遺跡は、縄文文化に関する豊かな情報とともに、日本考古学・人類

学の足跡を今に伝える重要な遺跡なのである。

　本書は、これまでの多方面の調査研究と近年の発掘調査成果を総合しながら、亀ヶ岡遺跡の全体像を描き出そうと試みるものである。江戸時代に始まる遺跡の探求と調査研究の歩みに多くのページを費やすが、これらは遺跡を語る際のプロローグでは決してなく、亀ヶ岡遺跡の本質的な価値を見出した弛まぬ研究の積み重ねそのものである。そして、遺跡をめぐる新たな課題に私たちが直面するとき、過去の膨大な調査・研究記録は、現在の問題意識のもとに繰り返し参照される貴重な情報でもある。

　本書ではまず、「泥炭層遺跡」「低湿地遺跡」として理解され、さらに亀ヶ岡文化の標式遺跡に位置づけられるまでの調査研究史と低湿地の発掘調査成果を整理する。ついで、近年の丘陵上の発掘調査により大規模な墓域が明らかになったことから、墓地としての性格もふまえて遺跡の再評価を行う。最後に、墓域や捨て場といった視点から他の遺跡と基礎的な比較を行い、縄文時代晩期に亀ヶ岡文化を生み出した社会における、亀ヶ岡遺跡の位置や役割についても考えてみたい。

　なお、「亀ヶ岡石器時代遺跡」は1944（昭和19）年の史跡指定名称であり、世界文化遺産「北海道・北東北の縄文遺跡群」の構成資産としての名称でもあるが、江戸時代から続く探究の歴史の延長線上で本遺跡を取り扱うため、さらには記述の煩雑さを避けるため、本文中では基本的に「亀ヶ岡遺跡」の名称を用いることにする。

も　く　じ

はじめに―亀ヶ岡遺跡の全体像を求めて　i

第Ⅰ部　遺跡の概要―亀ヶ岡石器時代遺跡とは―

第1章　遺跡の来歴と著名な遺物 ………………………………… 2

(1) 一つの不思議な事実―亀ヶ岡発見史　2

(2)「三尺の童子」も知る遺跡　5

(3)「原始工芸」の名にふさわしい土器　6

(4) 亀ヶ岡の名を冠した文化　8

(5) 出土した優品と亀ヶ岡コレクション　9

第2章　遺構にみる亀ヶ岡遺跡の特質 ……………………………… 12

(1) 低湿地をめぐる学説・論争　12

(2) 丘陵の調査の進展　14

(3) 共同墓地からみた亀ヶ岡文化と晩期縄文社会　17

第Ⅱ部　遺跡のあゆみ―発掘調査の経過と成果―

第3章　亀ヶ岡遺跡の調査・研究の歴史 ………………………… 24

(1) 遺跡探究の先覚者たち　24

　　コラム1　江戸の文人に愛玩された土器・土偶　26

(2) 学術調査の幕開け　28

iii

コラム 2　佐藤蔀とその蒐集品　32

(3)「泥炭層遺跡」、標式遺跡としての亀ヶ岡　39

コラム 3　「ミネルヴァ論争」と亀ヶ岡遺跡　45

(4) 遺跡壊滅の危機と史跡指定　46

第4章　亀ヶ岡遺跡の環境 ……………………………………… 48

(1) 遺跡の立地と地形・地質　48

(2) 古十三湖の形成と縄文時代晩期の周辺環境　49

(3) 縄文時代晩期の屏風山砂丘地　51

第5章　縄文時代晩期の亀ヶ岡遺跡 ……………………………… 53

(1) 低湿地の捨て場　53

(2) 丘陵の墓域と竪穴建物跡　71

(3) 道具の製作と流通　86

(4) 動物・植物資源と生業　105

第6章　亀ヶ岡遺跡の変遷 ……………………………………… 110

(1) 亀ヶ岡遺跡の時期区分　110

(2) 時期区分ごとの様相　110

(3) 時期区分からみた変遷のようす　116

第7章　縄文時代晩期の社会をさぐる ………………………… 118

(1) 津軽地域における共同墓地の形成と社会的ネットワーク

118

(2) 亀ヶ岡文化圏における交流　125

第8章　残された課題 …………………………………………… 134

(1) 低湿地の土地利用　134

(2) 低湿地と丘陵地の関連性　134

⑶ 墓域の広がりと形成過程　135

　　⑷ 居住域の有無　136

　　⑸ 弥生文化の受容　136

　第9章　整備・活用の取り組み　………………………………… 138

　　⑴ 保存管理体制の構築　138

　　⑵ 整備・活用に向けて　138

参考文献　145
あとがき　151

第Ⅰ部

遺跡の概要

―亀ヶ岡石器時代遺跡とは―

第 1 章 | 遺跡の来歴と著名な遺物

(1) 一つの不思議な事実―亀ヶ岡発見史

江戸時代の弘前藩（現在の青森県西部）の出来事を記録した『永禄日記』に、以下のような記事がある。

　一　元和九癸亥年正月元日天気能

○二日弘前下鍛冶町火事、

○近江沢御城築之事相止、此所城下ニ相成候ハヽ、亀ヶ岡と可申由。此所より奇代之瀬戸物ほり出候所也。其形皆々かめ之形ニ而御座候。大小ハ御座候へ共、皆水ヲ入ルかめニ而御座候。昔より多ク出候所也。昔何之訳ニ而此かめ多土中ニ有之事不故知候。其名ヲ取て亀ヶ岡と申候也。又青森近在之三内村ニ小川有、此川より出候瀬戸物大小共ニ皆人形ニ御座候。是等も訳知レ不申候。

原文を訳すとこのような意味になる。

　元和9年元日、天気良好。2日、弘前の下鍛冶町で火事。近江沢の築城が中止になった。ここが城下になれば亀ヶ岡といった。ここは非常に珍しい瀬戸物が掘り出された所である。その形はすべてかめの形である。大小あるが、すべて水を入れるかめである。昔から多く出た所である。昔、どうした訳でこの多くのかめが土中にあったのか理由はわからない。その名をとって亀ヶ岡という。また、青森近くの三内村に小川があり、この

川から出る瀬戸物は、大小あるがすべて人の形をしている。これらも訳が知れない。

1623（元和 9 ）年は徳川家光が第三代征夷大将軍となった年である。家光は幕藩体制の強化を図り、諸大名に参勤交代を命じたことや鎖国の断行でも知られるが、家光まで続く「武断政治」の政策の一つに一国一城令がある。幕府が諸大名に対して居城以外のすべての城の棄却を命じたもので、弘前藩においても種里城や堀越城が一国一城令により廃城となり、亀ヶ岡遺跡近くの亀ヶ岡城では築城が途中で取りやめになる（図 1 ）。『永禄日記』に出てくる「近江沢御城築」とは亀ヶ岡城の築城を指すが、亀ヶ岡城の築城中止とそれに続く「奇代の瀬戸物」の記事から、この頃までには亀ヶ岡の地から土器がたくさん掘り出されていたこと、「かめ（甕）」が出ることからこの地が「亀ヶ岡」と呼ばれていたことが読み取れる。第Ⅱ部で紹介するように、亀ヶ岡遺跡に関するこの記事は18世紀末頃に書き加えられたとする説もあり、元和年間の出来事を正確に伝えた記事とするには疑問もある。しかし、18世紀末頃には紀行家・本草学者の菅江真澄が亀ヶ岡遺跡を訪れて土器のことを記録しているし、19世紀に入ると亀ヶ岡遺跡の土器や土偶は江戸の古物愛好家の手に渡ることから、遅くとも江戸時代の中頃には亀ヶ岡遺跡の存在は知られていたのである。

17世紀末から18世紀初頭の元禄年間以降、江戸・大坂・京都などの都市部を中心として庶民文化が成熟し、物産会の開催などにより博物学的な関心と理解が深まるなかで、珍しい鉱物や化石とともに石器や石製品、須恵器などの土器が蒐集され、愛玩の対象となっていく。「石の長者」と呼ばれ、石の蒐集と研究に終生打ち込んだ近

江国（現在の滋賀県）の木内石亭をはじめとする多くの好事家が、石鏃、石匙、磨製石斧、石棒などの縄文時代の石器や子持勾玉などの古墳時代の石製品を蒐集した。石亭が結成した「弄石社」は全国組織となり、300人を超える同好の士がいたという。石器や石製品は形状や色調が多様で完全な形のものも多く、好事家にとって魅力的な蒐集品だったのだろう。ところが、縄文土器は多くが破片であまり見栄えしないため、菅江真澄のような卓越した観察眼をもった知識人以外には注目されにくい資料であった。

このようななか、亀ヶ岡遺跡の土器や土偶は完全に近い形で状態

図1　亀ヶ岡遺跡と亀ヶ岡城跡の位置

もよく、好事家の注意を惹いて例外ともいえる扱いを受けた。江戸時代以前の古器物探究の歴史をまとめた考古学者の中谷治宇二郎は、『永禄日記』の亀ヶ岡の記事にはじめて着目し、石器や石製品が蒐集される一世紀以上前の土器発見史を「一つの不思議な事實」と評した。『永禄日記』の亀ヶ岡の記事が後世の加筆とすれば、亀ヶ岡遺跡の土器発見は「弄石社」の活動とほぼ同時期のこととなり、その発見が突出した古さにはならない。しかしこの時期にあって、江戸や大坂から遠く離れた亀ヶ岡の地から出土した土器や土偶が人々を惹きつけたことは、注目すべき事実に違いない。

⑵ 「三尺の童子」も知る遺跡

　江戸時代に弘前藩の庶民に身近な存在であり、江戸などの都市でも好事家の間で知られた亀ヶ岡遺跡の土器や土偶。なかには海外に輸出されたものもあるという。やはり亀ヶ岡遺跡の魅力は、その出土品の造形と装飾の美しさにある。

　明治時代に亀ヶ岡遺跡を発掘調査した東京帝国大学の佐藤傳蔵が、1896（明治29）年に東京地学協会の例会で講演したときの記録が残っている。佐藤は講演の冒頭、東北地方を旅行すると各地で好古家や有志家が土器などを所蔵するのを見るが、土器の出どころを聞けば、その十中八九は亀ヶ岡から出たという答えを得ると述べ、さらに話を続ける。「亀ケ岡ノ瓶ト云ヘバ東京デ向島ノ言問團子、目黒ノ筍飯ト云フコトヨリ有名デゴザイマシテ奥羽地方デハ三尺ノ童子モ知ツテ居ルト云フ有様デアリマス」。

　明治20年代は、亀ヶ岡遺跡で大型の遮光器土偶が発見され、そのほか土器、土偶、骨角器など多くの出土品が学会誌を賑わしていた

時期である。亀ヶ岡遺跡の土器は東京において、隅田川沿いの老舗である言問団子や、目黒不動尊の門前町の名物であるタケノコ飯よりも有名で、東北地方では小さな子供でさえも知っているという発言は、一見すると講演時のリップサービスとも受け取れる。しかし、2回の発掘調査を通じて亀ヶ岡遺跡の質・量ともに豊かな出土品を目の当たりにした佐藤のことである、確信を持ってこの逸話を披露したのではないか。当時の亀ヶ岡遺跡の知名度は、現代の私たちの想像を上回るものであったに違いない。

なお、1887（明治20）年に発見された遮光器土偶は、左足と右目の一部を欠くほかはほぼ完全な状態で出土した（表紙）。顔の大部分を占める大きな目、冠状に飾られた頭部、雲形文で飾られた身体、高さが34 cm もありながら中空に作られ焼き上げられた高度な技術。縄文文化を代表する遺物の一つであり、日本で最も有名な土偶といってもよい。

(3) 「原始工芸」の名にふさわしい土器

亀ヶ岡遺跡の土器には深鉢、鉢、浅鉢、皿、壺、高坏、香炉、注口土器などさまざまな形があり、浅鉢の一部や高坏には台が付く。土器は、作りの丁寧さや装飾の度合いから、日常的な煮炊きなどに使われた粗製土器と、祭祀など特別な場面で使われたと考えられる精製土器とに分けられるが、亀ヶ岡遺跡では土器全体に占める精製土器の割合は2～3パーセントにすぎない。精製土器は口縁部に突起や刻み目を有し、羊歯状文、雲形文、工字文など直線と曲線を組み合わせた複雑で流麗な口縁・体部文様が特徴的だ（口絵5頁上・下）。箆状の工具などにより文様が描かれ、土器表面は丁寧に

磨かれる。器面全体に縄文を施した後に文様が箆描きされ、区画内の縄文が部分的に磨き消される「磨消縄文」といった装飾技法もしばしば用いられる。また、使用時は目に触れにくい場所だが、浅鉢・皿の外面や底部に念入りに文様が施される場合もある。器面の文様は、縄文人にとって実用性を超えた深い意味があったのだろう。こうした技法に加えて、赤漆や黒漆により土器の表面が彩色され、浅鉢の内面には雲形文などが描かれる。

現代において縄文土器の美を再発見した人物として、芸術家の岡本太郎が有名だが、それ以前にも縄文土器の工芸的な美しさに魅せられた人物がいる。大正末から昭和初期にかけて、土器の製作法、焼き方、材料の選び方などを観察することで日本人の古来の民族性を読み解こうとした図案家の杉山寿栄男である。原始工芸やアイヌ工芸の研究者・収集家でもあった杉山は、全国の縄文土器を集成するなかで亀ヶ岡遺跡の土器の文様にも注目し、写真や拓本とともに

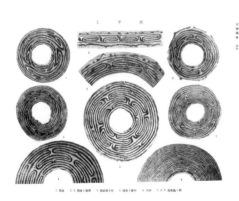
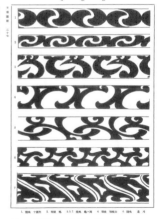

左図:「工字紋」の拓本集成(下段2点と右列中段が亀ヶ岡遺跡の土器)

右図:「X状紋」の文様展開図(上から3・5・7段目が亀ヶ岡遺跡の土器に基づく)

図2 『日本原始工芸』の文様展開図

文様展開図を作成している（図2）。こうした作業を通じ、土器に施される一見複雑な文様も、多くは「S字紋」「X状紋」「入組紋」などの「単位文様」の連続や組み合わせからなることを杉山は発見した。現在の縄文土器研究では、器面に展開する文様を理解するため、杉山が「単位文様」と捉えた装飾・施文要素がしばしば着目される。亀ヶ岡遺跡の土器は、考古学の研究手法の確立にも重要な役割を担ったのである。

(4) 亀ヶ岡の名を冠した文化

亀ヶ岡遺跡から出土するさまざまな器形・文様を有する土器の組み合わせは、のちに東北各地で発見されたため、東北地方の縄文時代晩期（3,200～2,400年前頃）の土器は「亀ヶ岡式土器」と総称されるようになる。土器に限らず、亀ヶ岡遺跡から出土する土製品、石器、石製品、骨角器、漆塗りの編み籠（籃胎漆器）などは、東北地方全域と北海道南西部の縄文時代晩期の人々が製作し、使用した道具一式をよく示していることから、その物質文化は「亀ヶ岡文化」、同質の物質文化の広がりは「亀ヶ岡文化圏」といわれる（図3）。

亀ヶ岡文化の特徴は、煮炊きや貯蔵に用いる深鉢や壺、狩猟・漁労具である石鏃や骨角製銛頭など、採集狩猟民である縄文人にとっての日常生活用具とともに、土偶、土面、土

図3 亀ヶ岡文化圏の広がり

版、岩版、石棒、石剣、石刀などの非実用的・祭祀的な道具が発達する点にある。かつて、亀ヶ岡文化は呪術やタブーが支配する縄文文化の代表的事例とみなされたが、それは亀ヶ岡遺跡をはじめ多くの遺跡における土器の器形や文様の多様化・複雑化とともに、さまざまな非実用具・祭祀具が出土することにもとづく解釈である。長い調査研究の歴史をもち、他の遺跡に先駆けて、縄文社会の精巧で多彩な、そして見ようによっては煩雑で停滞的ともとれる物質文化を明らかにした亀ヶ岡遺跡は、東北日本の晩期縄文文化の代名詞となっている。

⑸　出土した優品と亀ヶ岡コレクション

　幕末、亀ヶ岡遺跡の位置する屏風山の植林に功績があった弘前藩士の野呂武左衛門によれば、これまでに亀ヶ岡から出土した土器の総数は3,000点近いとされる。亀ヶ岡遺跡を調査した佐藤傳蔵も、完全な形の土器がたくさん出土することは他の遺跡の事例をもって説明しがたいと述べている。

　幕末・明治期に亀ヶ岡遺跡から出土し、学会誌や図録に紹介された優品は多数ある。1887（明治20）年に出土し、土偶の眼部表現＝遮光器（雪眼鏡）説に一役買った大型の中空土偶は国指定の重要文化財である。このほか、国の重要文化財に指定された土面や重要美術品の動物形土製品もある（口絵7頁上）。これらは現在、東京国立博物館に所蔵、展示されているので、興味を持たれた方はぜひ足を運んでいただきたい。

　亀ヶ岡遺跡の出土品が時代を超えて人々を魅了してきたことを、多くの蒐集家とその手になるコレクションが今に伝えている。放浪

の画家として知られる蓑虫山人、若き頃に絵画を学び、教職などの職にあった佐藤蔀、地元で教職につく傍ら郷土史家でもあった佐藤公知は、自身も発掘を行いながら膨大なコレクションをなした。史跡指定前には地元住民による発掘も行われて大型の遮光器土偶や籃胎漆器などが発見され、東京から見学に訪れる研究者もいた。

　幸い、こうした優品・コレクションの多くはさまざまな経緯を経ながらも、国内の博物館や大学などの研究機関に収蔵され、公開活用が図られている（表1）。亀ヶ岡コレクションは全国に分散していて、東京大学や慶應義塾大学による発掘調査資料以外では、佐藤公知・大高興の父子が2代にわたって蒐集した「風韻堂コレクション」（青森県立郷土館）、佐藤蔀の蒐集品を実業家・政治家の久原房之助が購入した「久原コレクション」（東北大学総合学術博物館）、佐藤蔀の蒐集品を一部受け継いだ「成田彦栄コレクション」（弘前大学北日本考古学研究センター）、元弘前藩士・田舎館村長の工藤祐龍の蒐集品（辰馬考古資料館）などが代表的なコレクションだ。国内のみならず、イギリスの大英博物館、フランスのルーブル美術館やギメ東洋美術館など海外の名だたる博物館や美術館にも所蔵されていて、亀ヶ岡出土品の価値や魅力はもはや世界的評価を得ているといってよい。

　遺物の蒐集を目的とした無秩序な発掘は、一方で遺跡破壊の危機を招いたが、昭和初期には遺跡保護の動きも生じていた。低地の地下1mほどの粘土層と泥炭層から特色ある土器・石器が出土するというまれな出土状況が理由となり、史蹟名勝天然紀念物保存法のもと、太平洋戦争中の1944（昭和19）年に文部大臣より史跡指定を受けている。

表1　亀ヶ岡遺跡出土品の所蔵機関

所　蔵　機　関	内　　　　　　　容
弘前大学人文社会科学部北日本考古学研究センター	・成田彦栄コレクション（佐藤蔀の旧蔵品を含む） ・1934（昭和9）年の小岩井兼輝の発掘調査資料ほか
青森県立郷土館	・佐藤公知、大高興の父子が収集した「風韻堂コレクション」 ・1980（昭和55）年～1982（同57）年の3次にわたる発掘調査資料
つがる市教育委員会	・1973（昭和48）年の県道バイパス工事に伴う発掘調査資料 ・2008（平成20）～2021（令和3）年の発掘調査資料 ・地元住民の旧蔵品
東北大学総合学術博物館	・久原房之助コレクション（佐藤蔀の旧蔵品）
慶應義塾大学文学部民族学考古学研究室	・1950（昭和25）年の三田史学会による発掘調査資料 ・地元住民の旧蔵品
明治大学博物館	・地元住民の旧蔵品
東京国立博物館	・旧宮内省の下賜品 ・徳川頼貞氏の寄贈資料（銅駝坊陳列館の旧蔵品） ・重要文化財2点（遮光器土偶・土面）、重要美術品2点（猪形土製品・動物形土製品）
東京大学総合研究博物館	・若林勝邦、佐藤傳蔵の発掘調査資料ほか
國學院大學博物館	・野口義麿コレクション
国立歴史民俗博物館	・田中忠三郎コレクション
奈良文化財研究所	・山内清男コレクション
関西大学博物館	・本山彦一コレクション ・神田孝平コレクション（蓑虫山人の旧蔵品）
函館市北方民族資料館	・児玉作左衛門コレクション
八王子市郷土資料館	・井上郷太郎コレクション
目黒区めぐろ歴史資料館	・内藤確介コレクション
立正大学博物館	・吉田格の発掘調査資料
辰馬考古資料館	・工藤祐龍コレクション
京都大学総合博物館	・須藤求馬、江見水蔭コレクション
大英博物館（イギリス）	
スコットランド国立博物館（イギリス）	・「Mutsu」と注記された遺物
ルーブル美術館（フランス）	・出土地「kamegaoka」の台帳記録ある土器
人類博物館（フランス）	・「Mutsu」と注記された遺物
ギメ東洋美術館（フランス）	・「kamegaoka」と注記された土器など、フォリー神父収集品
ストックホルム東洋美術館（スウェーデン）	・スウェーデン皇太子に1926（大正15）年に贈られた土器（紀州徳川侯爵コレクション）
メトロポリタン美術館（アメリカ）	

※国外の博物館・美術館については、亀ヶ岡遺跡出土の可能性ある資料を含む

第2章 | 遺構にみる亀ヶ岡遺跡の特質

(1) 低湿地をめぐる学説・論争

　学問の発展に論争はつきものであり、考古学の世界も例外ではない。第Ⅱ部で紹介するように、亀ヶ岡遺跡の出土品は、日本石器時代人種をめぐる明治期の「コロボックル・アイヌ論争」、日本石器時代の終末年代をめぐる昭和初期の「ミネルヴァ論争」において重要な証拠とされてきた。そして出土品だけではなく、遺跡そのものが学説・論争の舞台となったことは重要だ。「コロボックル・アイヌ論争」や「ミネルヴァ論争」のように同時期に直接的な論争が交わされたわけではないが、明治期より諸説が出され、いまだ解決を見ないのが、低湿地に広がる捨て場の成因である。亀ヶ岡遺跡には沢根地区と近江野沢地区（以下、沢根・近江野沢と省略）という2カ所の低湿地があり、地下には泥炭層が厚く堆積している（図4、図5）。これまでの調査でわかってきたのは、精製土器や土偶を含むさまざまな遺物は、おもに低湿地の泥炭層やその上の粘土層から出土するということだ（口絵4頁下）。昭和初期まで、こうした出土状況は亀ヶ岡遺跡を除いて国内に例がなく、低地の奥底から遺物が多量に出土することに多くの研究者が驚嘆し、その理由を探ってきた。異国船の転覆による陶器埋没説にはじまり、地震説、水上住居説、津波説、地盤沈下説、祭祀説などさまざまな説が提出された。調査研究の進展によりその多くは否定され、現在では捨て場説

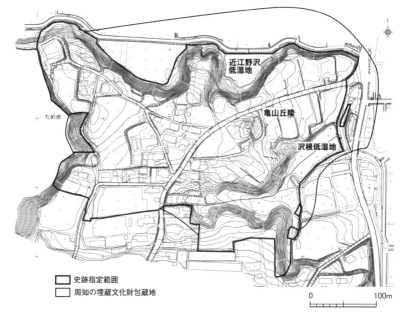

図4 遺跡地形図

図5 沢根低湿地（南東から）

第2章 遺構にみる亀ヶ岡遺跡の特質

が有力だ。不用になった道具の廃棄場であるとともに、一部の土器完形品などは祭祀儀礼に伴って意図的にまとめて捨てられたとする考え方だが、いまだ確実な結論に至っていない。丘陵上や傾斜地の情報も総合しながら、低湿地の捨て場が形成されたプロセスや要因を検討していくことは将来に残された課題である。

(2) 丘陵の調査の進展

沢根・近江野沢の2カ所の低湿地の間には標高7〜18mの亀山丘陵が広がり、その丘陵上に低湿地の遺物と同時期の集落が存在したとする推定は明治時代からあった。つまり、低湿地から出土する多量の遺物は、丘陵上に暮らす人々の活動に由来するという考え方だ。明治時代に丘陵の調査も行われたが、広大な面積の中のごく一部分の調査であったため、そして竪穴建物跡や土坑墓などの遺構の調査手法が確立していなかったこともあり、思うような成果があがらなかった。

昭和50年代以降、情報の不足していた丘陵の調査が徐々に進み、南北の低湿地に面した丘陵縁辺部には縄文時代晩期の墓域が広がっていたことが明らかになりつつある。これまでに確認できたおもな墓域は3カ所に分かれ、沢根に面した丘陵の南縁部に1カ所、近江野沢に面した丘陵の北縁部に2カ所ある（図6、口絵2頁上）。墓域には、地面を掘り込んだ穴に遺体を埋葬して埋め戻した土坑墓とよばれる墓が多数広がる。基本的には各遺体に対して個別に墓が築かれたのである。土坑墓には遺体を横たえて埋めるため、その平面形は長楕円形や隅丸長方形となるものが多いが、隣り合う土坑墓の長軸はよくそろっている（図7）。亡くなった人を埋葬する際に、

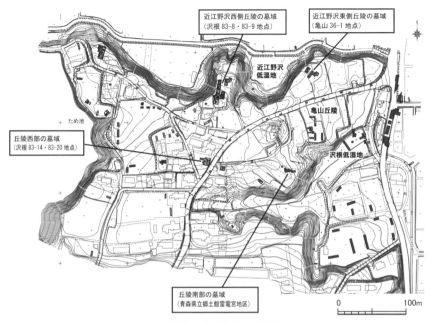

図6 墓域の確認された調査地点

図7 近江野沢東側丘陵の土坑墓群

第2章 遺構にみる亀ヶ岡遺跡の特質

その頭の向きや姿勢などが配慮されていたことを示す証拠といえる。1カ所の墓域には、20〜50基ほどの土坑墓が集中するが、土坑墓どうしが重なり合っていることも多い。出土する土器の特徴や出土炭化物の年代測定結果から、亀ヶ岡遺跡の墓域はおもに縄文時代晩期前葉から中葉にかけて営まれたと考えられる（表2）。土坑墓どうしが重なり合う理由には、一定の範囲に長期間墓域が営まれる過程で、埋葬行為の累積により意図せずして生じてしまった場合と、血縁関係など故人との何らかのつながりを理由として意図的に重ねた場合があったのではないか。

　土坑墓の大きさはばらつきが大きく、長軸の長さは60〜180 cmである。墓の作り方は大小で異ならないことから、大型の土坑墓は大人の墓、小型の土坑墓は子供や幼児の墓と考えられる。

　埋葬後の墓は、地面を掘り込んだ際に出た黄褐色粘土などを用いてマウンド状に盛り上げたことがわかっている（口絵2頁中段）。墓域を訪れる人々にとって墓標のような役割を果たしたに違いない。墓の底面は周囲に溝がめぐるものもあり、他の遺跡の事例を参考にすれば、割り板で囲われた木棺の可能性もある。

表2　縄文時代晩期の時期区分

			青森県史 （関根2013）	大洞式 （山内1930・1964）		較正年代 （小林2017）
縄文時代晩期	前半	前葉	晩期1a期	大洞B式	大洞B₁式	3,220 − 3,100 cal BP
			晩期1b期		大洞B₂式	
			晩期2期	大洞BC式		3,100 − 2,990 cal BP
		中葉	晩期3期	大洞C₁式		2,990 − 2,880 cal BP
			晩期4期	大洞C₂式		2,880 − 2,680 cal BP
	後半	後葉	晩期5期	大洞A式	大洞A₁式	2,680 − 2,460 cal BP
					大洞A₂式	
			晩期6期	大洞A'式		2,460 − 2,385 cal BP

較正年代の数字は、紀元後1950年から何年前かを示す

墓に葬られた人には、ベンガラを粉末状に加工した赤い顔料が振り撒かれたことがわかっている（口絵2頁下）。そのほかにも、壺形土器、土偶、円盤状土製品、石鏃、石匙、ヒスイ製や緑色凝灰岩製の玉類、岩版、籃胎漆器などが遺体と一緒に墓に埋められている。日常的な生活用具や装身具、さらには祭祀具などさまざまであり、亡くなった人にゆかりのある品であったのだろうか。土坑墓の片側に多量の玉が散らばって出土する事例もあり、埋葬時に遺体の上半身に撒かれたものと考えられる（口絵3頁上）。

　墓域を構成する墓のほとんどは土坑墓だが、土器棺墓も1基確認されている。日常的な煮炊きなどに利用された深鉢形土器が直立状態で埋設されたものであり、中から赤い顔料が出土した。子供用と考えられる小型の土坑墓は別に存在することから、土器棺墓は死産児などに対する特別な埋葬法だったと考えられる。このほか、墓域では焼土の広がりも確認される。埋葬の過程あるいは葬送儀礼に伴い、墓域で火が焚かれたようだ。

⑶　共同墓地からみた亀ヶ岡文化と晩期縄文社会

　亀ヶ岡遺跡でこれまでに確認された土坑墓の数は110基となり、今後の調査でさらに数は増えていくだろう。多数の土坑墓は、縄文時代晩期に亀ヶ岡の集落で生まれ育ち、生活して亡くなった人々の墓と考えたくなるが、これまでの調査成果を総合すると、違ったイメージが浮かび上がってくる。

　亀ヶ岡遺跡が縄文時代晩期の集落とすれば、過去に研究者が推測したように、竪穴建物などが建つ居住域が亀山丘陵のどこかにあったと考えられる。しかし、これまでに確認された縄文時代晩期の竪

穴建物跡は1棟のみであり、しかも墓域から離れた亀山丘陵の北西部に位置する。定住を支えるフラスコ状土坑のような食料貯蔵施設もこの時期のものは未確認である。居住の痕跡については今後も発掘調査を積み重ねながら追及すべき課題であり、縄文時代晩期に亀山丘陵に居住域がなかった、さらにいえばこの時期に縄文人が遺跡内で定住していなかったと結論づけるのは早計である。しかし、現時点で110基の土坑墓に対して1棟の竪穴建物跡という、一集落の構成施設として不自然な様相を理解するためには、亀ヶ岡遺跡を超えたより広域な視点で理由を探っていく必要がある。

　結論を先に述べると、亀ヶ岡遺跡は津軽地域に分散して集落を営む縄文時代晩期の人々が共同で営んだ墓地だったと考えられる。ただし、そこは多数の墓が広がるだけの荒涼とした死後の世界ではなく、血縁・地縁関係にある集団どうしが、死者の埋葬や葬送儀礼、祖先祭祀を通じて結びつきを確認し合い、場合によっては新たな関係を取り結ぶ場でもあっただろう。

　縄文社会を説明するキーワードの一つに「定住」がある。これは、縄文人がある決まった場所に住居、食料貯蔵穴、ゴミ捨て場、墓など生活のために必要な恒久的施設を配置して集落を維持し、その周辺環境から食料・生活資源などを入手する生活スタイルのことだ。定住化は、縄文時代前期以降の縄文文化の成熟化の過程で達成されたという説もある。しかし、前期以降も縄文人は必ずしも1カ所に定住し続けたわけではなく、資源の枯渇や環境変化に対応して居住する場所を変えている。縄文時代前期から中期にかけて安定して継続した拠点的な集落が、後期以降の寒冷化に伴って小規模・分散化する傾向は以前から指摘されてきたが、青森県内でも中期から

後期にかけて、集落分散の結果として遺跡数が増加することが確認されている。津軽地域では晩期に入ると遺跡数が減少に転じ、拠点的な集落もほとんど見つからないことから、数棟程度の住居からなる小規模な集落が散在し、比較的短期間で移動を繰り返す社会だったようだ。

　ただし、こうした集落の居住民は常に孤立した暮らしを送ったわけではない。遺跡を調査すると、付近では入手できない資源を利用した道具や装身具が出土するため、そうした物を入手する何らかの機会があったことになる。集落の居住民が遠方の原産地に直接出向いて資源を入手した可能性も否定できないが、現代の中・高緯度地域の採集狩猟社会がそうであるように、縄文社会においても、拠点集落の周辺に食料・生活資源獲得のための日常的な活動領域があったと考えられることから、活動領域外にある遠方の資源などはおもに交易により入手したものであろう。また、子孫を残すためには他集落の構成員と婚姻関係を結ぶ必要がある。物資の交換や婚姻のため、さらには血縁・地縁関係による結びつきを確認するため、近隣の集落の間の個別的交流を超えて、複数の領域を覆うような社会的交流の場が必要とされたのではないだろうか。亀ヶ岡文化を生んだ社会において、祭祀や葬送儀礼の場であり集落間の相互交流の役割も担ったのが、亀ヶ岡遺跡などの墓域主体の遺跡であったと考えたい。亀ヶ岡遺跡の位置する岩木川流域では、大規模な墓域主体の遺跡が下流域から上流域にかけて間隔をおいて分布するが、そのほかにも数棟の竪穴建物跡を伴う遺跡や遺物包含地が存在することから、亀ヶ岡遺跡などの墓地は、周辺にある複数の集落の居住民により共同して営まれたものであろう。亀ヶ岡遺跡付近では同時期の集

落の存在は今のところ明らかではないが、今後の発見が期待される。

　岩木川流域における交流関係は、より広域な社会的ネットワークの一部でもある。津軽地域のほか、北海道渡島半島の沿岸部、青森県南部地域、秋田県の米代川・雄物川流域などには、やはり縄文時代晩期の墓域を主体とする遺跡が分布する。いずれも限られた範囲に多数の土坑墓や土器棺墓が累積して墓域が形成されるが、副葬品にも大まかな類似性がみられ、埋葬に関する行動様式と世界観を広く共有していたことをうかがわせる。北海道南部から青森・秋田県域にかけての墓域主体の遺跡にさらに共通するのは、墓域と重なる範囲や隣接する低地・傾斜地などに捨て場が形成されることである。亀ヶ岡遺跡のように、捨て場からは土器や石器などの生活道具のほかに、土偶、土面、岩版、石剣・石刀・石棒といった非実用的な道具も多量に出土することが特徴である。繰り返し行われる葬送儀礼の一環として、まだ使える道具を埋める、あるいはあえて壊して捨てた可能性もある。大型の遮光器土偶や土面、漆塗りの精製土器、石刀・石剣、籃胎漆器など亀ヶ岡文化圏の広範囲に分布する希少な財は、各地の交易拠点を通じて交換・流通する過程で、共同墓地での葬送儀礼や祭祀に用いられてその役目を終えたのであろう。

　粗製土器に注目すると、亀ヶ岡文化には河川流域、盆地、沿岸部などを単位とする地域性があることがわかってきている。共同墓地における儀礼行為を通じて周辺集落の居住民が集い、その場の交流を通じて人、物、情報が行き来する、ときには集団間の融和や緊張緩和が図られるといった仕組みが、河川流域や盆地などを単位とする社会的まとまりを生み出したのだろう。そして、北海道渡島半島

の沿岸部から東北地方日本海側の岩木川・米代川・雄物川流域にかけての大規模な共同墓地の広がりは、粗製土器にみられる地域性を超えた、さらに広大な社会関係やネットワークに対応する可能性がある。

　亀ヶ岡遺跡のこれまでの調査研究を総合して見えてきた特徴は、亀ヶ岡文化圏の北西地域に広がる墓域主体の遺跡に共通するものである。亀ヶ岡遺跡のさらなる調査研究と類似する遺跡との比較研究から、亀ヶ岡文化を生んだ社会の仕組みに迫ることができるのではないかという展望を最後に述べて、第Ⅰ部を締めくくる。第Ⅱ部では、調査研究の歴史と遺跡の特徴を整理しながら、亀ヶ岡遺跡の理解を深めていきたい。

第Ⅱ部

遺跡のあゆみ

―発掘調査の経過と成果―

第3章 | 亀ヶ岡遺跡の調査・研究の歴史

(1) 遺跡探究の先覚者たち

亀ヶ岡遺跡の発見　亀ヶ岡遺跡は、18世紀後半の天明・寛政期頃から土器の出土地として知られるようになる。遺跡の所在する館岡村の山中からしばしば陶器が発見されること、陶器は形がさまざまで同じものがないこと、陶器は地中に埋もれていて、どれくらいの年月が経過したかわからないことが、弘前藩士の比良野貞彦により1783（天明3）年に記録されている。この陶器については、陶器を載せてやってきた異国船の転覆により地中に埋もれたとする地元の言い伝えも紹介している。

この頃から、津軽の庶民にとって亀ヶ岡の土器が身近な存在であったことを示すもう一つの記録が『奥民図彙』である。やはり比良野による弘前藩の領内の記録だが、農民の衣食住に関する絵図に混じり、「亀岳陶器」としてさまざまな形の土器が紹介されている（図8）。

菅江真澄の記録―ほれどもほれどもつきせず

同じ頃、亀ヶ岡遺跡を実際に訪れて貴重な記録を残したのが、三河国（現在の愛知県）出身の菅江真澄である。菅江は1796

図8　『奥民図彙』の「亀岳陶器」

（寛政8）年に津軽を訪れた際の見聞を『外浜奇勝』『追柯呂能通度』に記録している。亀ヶ岡では昔から現在まで陶器を掘っているが、掘っても掘っても尽きないこと、遺跡内に現在もある雷電宮付近を掘ると陶器が出土すること、何を目的として陶器が埋められたのかわからないことなどを書き記している。菅江は遺物の観察眼にも優れ、出土土器の詳細な絵図を『新古祝甕品類之図』に記録しているが、亀ヶ岡の土器は高麗人（大陸の人）が来て作ったと地元民が考えていること、亀ヶ岡

図9 『新古祝甕品類之図』の亀ヶ岡出土土器

の土器に似たものが北海道からも出土することを指摘している（図9）。ちなみに、東北地方と北海道の土器の類似が本格的に指摘されるようになるのは明治20年代以降のことであり、このことからも菅江の先見の明がよくわかる。

なお菅江真澄の記録では、亀ヶ岡が「瓶が岡」「甕が岡」と表記されており、土器がたくさん出土することからこの地名が付けられたことがわかるが、一説には、「瓶」「甕」の字が「亀」に置き換わるのは、19世紀初頭の文化期以降のこととされる。

コラム１：江戸の文人に愛玩された土器・土偶

図10 『耽奇漫録』の亀ヶ岡出土土偶

亀ヶ岡の知名度は弘前藩領にとどまらず、出土品は江戸まで運ばれたことがわかっている。18世紀半ば以降、動植物や鉱物、古物などの標本を広く公開する物産会が江戸・大坂・京都などで定期的に開催されるが、そのうち趣味を同じくする人々が特定の分野の蒐集品を持ち寄り、意見交換する親睦会が開かれる。「奇石会」「耽奇会」「以文会」などあるが、『南総里見八犬伝』の作者である滝沢馬琴や画家の谷文晁ら江戸の一流の文人が参加した「耽奇会」は特に有名で、1810・1811（文化7・8）年の間にじつに20回も開催されている。会合の記録である『耽奇漫録』によれば、第１回に「津軽亀ヶ岡にて掘出たる土偶人二軀」、第８回に「津軽亀ヶ岡より掘出す古磁器」、第20回に「奥州瓶岡山古陶器」が出品されている（図10）。第８回にはエレキテルや駱駝図、大坂合戦図なども出品され、こうした珍品とともに亀ヶ岡遺跡の土器が会場を賑わした様子が目に浮かぶ。

中谷治宇二郎によれば、亀ヶ岡の土器は国内にとどまらず、堺港を通じてオランダまで輸出されたという。また幕末には、屏風山の植林に功績のあった弘前藩士の野呂武左衛門から藩主の津軽家に対し、内面に金

箔が貼られた亀ヶ岡の土器が菓子器として献上されている。地域や立場を超えて、いかに多くの人々が亀ヶ岡の土器や土偶に魅せられたかがわかる。

亀ヶ岡遺跡の最古の記録？　近年まで、亀ヶ岡遺跡に関する最も古い記録は、『永禄日記』館野越本の元和9年の記事とされてきた。『永禄日記』は、浪岡城主北 畠 氏の後裔である山崎氏の家記であり、身の回りのさまざまな出来事や弘前藩の事跡が記されている。『永禄日記』館野越本は18世紀末に山崎 立 朴が書写したものであり、第Ⅰ部で紹介した通り、亀ヶ岡城の築城が幕府の一国一城令により中止されたこと、亀ヶ岡の地では昔から「奇代の瀬戸物」が多数掘り出されていたことが記録されている。この記事は中谷治宇二郎の『日本先史学序史』で紹介され、亀ヶ岡城の築城をきっかけとして亀ヶ岡遺跡が発見されたとする説が定着していく。

　しかし、『永禄日記』の原本は失われ、現在伝わる4つの写本のうち、亀ヶ岡の土器についての記載があるのは館野越本のみであるため、山崎立朴が菅江真澄の知見をもとに加筆した可能性を考古学者の村越潔などが指摘している。

　亀ヶ岡城跡は、現在も土塁や虎口が良好な状態で残っているが、亀ヶ岡遺跡からは1kmほど南方に離れて位置する。城の外郭が遺跡の付近にまで及び、その堀を作る際に遺跡が発見されたとする説もあるが、亀ヶ岡遺跡付近に築城の痕跡が確認されないことから、築城と遺跡発見は関係がなかった可能性が高い。考古学者の藤沼邦彦が指摘するように、中谷の解釈は『永禄日記』の原文の読み違いから生じた誤りだったと考えられる。

だが、亀ヶ岡の記事が寛政期の加筆であったにせよ、この頃には亀ヶ岡における土器の出土が人々の大きな関心事であったことを、『永禄日記』館野越本や『奥民図彙』からうかがい知ることができる。

　18〜19世紀頃の弘前藩領や江戸市中のこうした動向からわかるように、「耽奇会」などを除けば亀ヶ岡遺跡への興味関心やその探究は個人的活動にとどまり、情報の共有化は乏しかった。江戸時代に個別に蓄積された亀ヶ岡遺跡の情報が、明治期に設立される東京人類学会という新たな全国組織のネットワークに乗って瞬く間に共有化が図られ、新たな発見へとつながっていく様子をつぎに見ていく。蓑虫山人の発掘、遮光器土偶の発見とその報告といった出来事を、こうした社会的背景と結びつけて理解したい。

(2)　**学術調査の幕開け**

　東京人類学会の成立　明治期のお雇い外国人であり、進化論を日本に紹介したE. S. モースによる大森貝塚の発掘はよく知られるところであり、科学的な方法による日本考古学の発展に大きな役割を果たしたと評価されている。

　しかし、モースにより導入された発掘調査技術や報告の水準が速やかに日本の考古学界に定着したわけではない。明治期の人類学・考古学の発展の経緯は、東京人類学会や東京帝国大学人類学教室の足跡を抜きにして語ることができない。

　東京人類学会の前身の会である「じんるいがくのとも」が東京で発足したのは1884（明治17）年。後で触れるように、亀ヶ岡遺跡において最初の発掘が行われた年である。草創期の東京大学の生徒と

職員が集まり自発的に発足した会であるが、その中心にいたのが理学部生物学科にいた坪井正五郎である。坪井はイギリス留学を経て帰国後に帝国大学理科大学（のちの東京帝国大学理学部）教授となり、生涯を人類学・考古学の研究とその普及に尽くした人物である。この人類学会ができる背景には、モースなどの在日外国人や帝室博物館（のちの東京国立博物館）の創設に関わった美術史家の活躍とともに、江戸時代以来の古器物研究の蓄積があったといわれている。亀ヶ岡遺跡で全国的にも初期の学術調査が行われた理由を、日本の人類学・考古学の多元的性格に求めることができよう。

　人類学会は、機関紙である『人類学会報告』（のちに『東京人類学会報告』と改名し、現在の『人類学雑誌』に至る）を1886（明治19）年から刊行し、最初25名だった会員は急速に増えていった。こうした会の拡大に大きく貢献したのが、初代会長の神田孝平であった。会長就任時、神田は兵庫県令の職にあり、その後、元老院議官や貴族院議員などを歴任した明治政府の高官だが、学者としても傑出していて、経済学、法学、数学、天文学、人類学などの学識があった。神田のもと、人類学会は東北地方から九州地方の多くの民間人が会員となる全国規模の組織であった。青森県では、佐藤蔀が1886年に会員となるが、のちに亀ヶ岡遺跡の研究に大きな役割を果たすことになる。

　蓑虫山人の発掘　記録に残る亀ヶ岡遺跡の最初の発掘は蓑虫山人によって行われた。蓑虫の本名は土岐源吾。美濃国（現在の岐阜県）に生まれ、青森・秋田県などに長く滞在した「放浪の画家」である。青森県における蓑虫の足跡は、1878（明治11）年から1887（同20）年まで見られる。佐藤蔀をはじめとする好古家と交流を持

第3章　亀ヶ岡遺跡の調査・研究の歴史　　　　　　　　　　　　29

ち、遺跡や遺物などの情報交換を行っている。こうして亀ヶ岡遺跡の情報を得た蓑虫は、1884（明治17）年と1887年に発掘を行う。発掘といっても遺物収集が目的であり、出土地点や出土層位などの記録は残されていない。1887年の発掘は「陸奥瓶岡ニテ未曾有ノ発見」と題して『東京人類学会報告』に紹介されるが、蓑虫の報告の後に人類学会会長の神田孝平の添え書きがあるのが注目される。じつは、神田は1886年の東北一周旅行の際に浪岡で蓑虫に面会しており、このことがきっかけとなり両者が親交を深め、蓑虫による発掘が学会誌に紹介されたようである。

この発掘では土器、勾玉、土偶などが出土したものの、土偶はと

図11 蓑虫山人が描いた「館岡村における遺跡発掘之図」

図12 蓑虫山人の発掘品

もに発掘した地元民が所有権争いをして壊してしまったことなどが報告されている。蓑虫の発掘の様子は、自身が描いた絵図によりその雰囲気を今に伝えている（図11・12）。

遮光器土偶の発見　蓑虫の第2回発掘と同じ1887（明治20）年、亀ヶ岡遺跡の名を全国にとどろかせる発見があった。現在、重要文化財に指定されている遮光器土偶が、地元の農民の手により偶然発見されたのである。発見された場所や状況の特定は難しいが、遺跡南側の低湿地である沢根から出土したとされる。同年には、佐藤蔀が描いた石版画が「瓦偶人之圖」として『東京人類学会雑誌』に報告される（図13）。この石版画には佐藤による下絵があり、土偶が「硯」とともに出土したことなどが下絵の付箋に記されている（図14）。佐藤の石版画については、同雑誌の次号で神田孝平による解

図13　佐藤蔀が描いた「瓦偶人之圖」

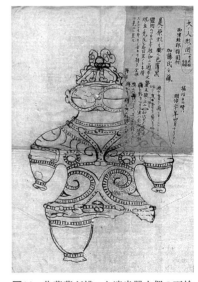

図14　佐藤蔀が描いた遮光器土偶の下絵

説がなされている。土偶が中空であること、冠部や眼部表現の特徴、欠損状況、他の遺跡出土の類例などについてである。

養虫山人の発掘に関する補足といい、佐藤蔀の図に対する解説といい、神田孝平が地方の好古家の情報をいち早く引き出し、その報告をより価値あるものにしている。神田のこうした支援もあり、当時の人類学会は洸渕とした雰囲気に満ちていたといわれる。

コラム2：佐藤蔀とその蒐集品

佐藤蔀は弘前藩士の家に生まれ、絵画や国学を平尾魯仙の下で学んだ。1884（明治17）年に人類学会が組織されると青森県内ではいち早く会員となる。1887（明治20）年出土の遮光器土偶が佐藤により正確な図面をもって報告されたことは、亀ヶ岡遺跡のその後にとっても重要な意味を持ったといえる。佐藤は、1896（明治29）年に地元の館岡村有志や東京帝国大学の佐藤傳蔵とともに亀ヶ岡遺跡の発掘調査にも参加している。

佐藤は生涯にわたり膨大な数の亀ヶ岡出土品を蒐集した。その蒐集品は当時からよく知られており、明治期の日本考古学の集大成ともいえるN. G. マンローの『PREHISTORIC JAPAN』の新石器時代の記述には、東京帝国大学所蔵品や高島多米治コレクションと並んで佐藤蔀の蒐集品が図版で紹介されている。佐藤が若き頃に蒐集した資料は実業家・政治家の久原房之助が購入するが、その際には雪そり5台で運んだと伝えられている。久原が購入し、後の1929（昭和4）年に歴史学者の喜田貞吉の働きかけにより東北帝国大学に寄託されたこれらの資料は、質・量ともに明治・大正期における最も重要な亀ヶ岡コレクションの一つといえる。

石器時代人種論争―コロボックル説とアイヌ説　糞虫が亀ヶ岡遺跡を発掘し、農夫により遮光器土偶が発見された1887（明治20）年は、明治時代の人類学会の最大のテーマである石器時代人種論争が幕を開けた年である。当時、先住民と考えられていた石器時代人（現在でいう縄文人と金属器使用以前の弥生人の総称）をアイヌとする説、かたやアイヌの伝説に登場するコロボックルという小人とみなす説に学会が二分された論争である。コロボックル説を主導したのが人類学会の創設に関わった坪井正五郎であり、1913（大正2）年に亡くなるまでコロボックル説の論陣を張り続けた。

　坪井は『風俗画報』という雑誌に10回にわたり「コロボックル風俗考」を連載する。石器時代人はコロボックルであるとの立場で石器時代の文化を総合的に論じたものであり、テーマは身体装飾、衣服、被り物、飲食物、調理法、飲食法、住居、器具、日常生活など多岐にわたる。注目すべきは身体装飾、衣服、被り物といった石器時代人の身なりが、土偶の形状や文様を直接の根拠として復元されていることである。土偶頭部の結髪が当時の髪形を、体部文様が衣服の装飾を表しているといった具合である。多くの土偶が証拠としてとりあげられるが、その中には1887年出土の遮光器土偶もある。

　遮光器土偶という名称は、坪井がイギリス留学時に大英博物館で見た北方民族の遮光器（雪眼鏡）と亀ヶ岡遺跡出土の土偶の眼部表現が似ていることから、遮光器を着用した石器時代人を模したとする説に由来する。「コロボックル風俗考」の挿絵は、坪井が抱いた石器時代人のイメージをよく伝えている（図15）。

　坪井ほど直截的ではなくとも、明治期の人類学・考古学界には、土偶が石器時代の生活や文化をものがたる有力な証拠であると考え

る風潮が強かった。石器時代人アイヌ説をとる解剖学・人類学者の小金井良精も、亀ヶ岡遺跡出土の土偶の左右の眉が連続することをアイヌ説の傍証としている。このように、大小さまざまな土偶が出土する亀ヶ岡遺跡は、石器時代人種論争、さらには明治期の人類学・考古学界において重要な位置を占めていた。佐藤傳蔵が亀ヶ岡遺跡の発掘調査について講演で語ったように、「土偶ハ石器時代人民ノ風俗習慣ヲ調ベルニ甚ダ必要ナモノデゴザイマスガ、其澤山出タコトハ他ノ所ニ比シテ第一等ノ様ニ思ハレル」ほどの出土量であった。実際、1891（明治24）年に若林勝邦が『東京人類学会雑誌』に報告した「貝塚土偶ニ就テ（圖入）」にはそれまでに全国で発見された計33点の土偶を集成しているが、亀ヶ岡遺跡出土のものが15点と半数近くを占めている。

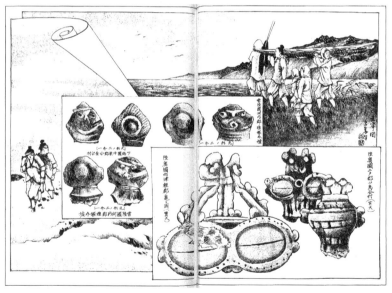

図15　「コロボックル風俗考」の挿絵が示す石器時代人の暮らし

亀ヶ岡遺跡出土の土偶の眼部表現＝遮光器説の影響は大きく、「遮光器土偶」という学術用語は明治・大正期の人類学・考古学界に定着していく。ただし、坪井説の以前と以後にもさまざまな説が出され、神田孝平は「甲冑ヲ着タル姿ナルカ、將タ潜水衣ナルカ」と疑問を呈し、亀ヶ岡遺跡を調査した若林勝邦はこの種の土偶が「覆面セルナラン」と考え、「覆面土偶」という名称も生まれた。医師・考古学者のN. G. マンローは『PREHISTORIC JAPAN』において、この眼部表現は型にはまった装飾であると指摘し、表現が退化していく過程にも着目している。大正期には人類学・考古学者の長谷部言人が世界各地の民族事例も参考にして、上下まぶたの合わせ目を一線とするのは一つの表現方式であった可能性を指摘し、「これを遮光器に擬するは、最も奇警である。（中略）これを信じて石器時代當時の気候が、今日より遙に寒冷であつたらう。或は現代北地の住民と、その風俗を同じうするは偶然でないなどの空想に耽るは、益のないことである」と坪井説を批判している。

東京帝国大学理学部による学術調査　明治期唯一の人類学の研究機関は、坪井正五郎の主宰する東京帝国大学理学部人類学教室であり、1893（明治26）年には正式な講座となる。人類学教室には、若林勝邦が御傭人として、鳥居龍蔵が標本整理係として出入りしていた。そのほか、初期の準教室員として八木荘三郎、大野延太郎（雲外）などがいた。

　若林は、欧米留学で不在だった坪井に代わり全国の遺跡を精力的に調査していたが、1889（明治22）年には亀ヶ岡遺跡の丘陵上の調査を実施する。モースによる大森貝塚発掘からわずか12年後のことである。この調査により、土器のみならず石器、骨角器、獣骨が出

第3章　亀ヶ岡遺跡の調査・研究の歴史 ——————————— 35

土したこと、出土する土器がみな精巧な作りであること、貝殻が出土せず貝塚の証拠が認められないことなどを報告している。若林の調査は、亀ヶ岡遺跡における学術調査の幕開けであり、これ以後、大学所属の研究者が自身の調査成果にもとづき研究を推進していく。

　石器時代人種論争という華々しさに彩られた明治期の人類学・考古学会であるが、遺跡、民俗、民族、体質、形質などのさまざまな分野で実証的な研究が着実に蓄積された時代でもあった。1892（明治25）年には東京都西ヶ原貝塚、1893（同26）年には茨城県椎塚貝塚、1894（同27）年には千葉県阿玉台貝塚、茨城県福田貝塚、同浮島貝塚といった学史上著名な石器時代遺跡が人類学教室所属の研究者により調査され、『東京人類学会雑誌』には遺跡の発掘調査報告が多数掲載される。この時期の調査報告を読んでみると、調査地点や出土層位などの記述に不十分さはあるが、出土遺物については石器・土器・土偶・骨角器などの種別ごとに体系立てて記載されている。鳥居龍蔵によれば、明治期の遺跡調査は携帯したこうもり傘で貝塚の表面を突いて遺物を掘り出すような調査であり、「洋傘式調査」などと称されていた。あるいは、遠足会と称して貝塚を掘り漁っては出土品に一喜一憂するような調査が当たり前の時代にあって、人類学教室員による調査やその報告が人種論争のための証拠探し以上の意義を有したことは明らかである。そして明治20年代末、亀ヶ岡遺跡を「泥炭層遺跡」「低湿地遺跡」として性格づける決定的な調査が佐藤傳蔵によって実施されることになる。

佐藤傳蔵による発掘調査　佐藤傳蔵は地質学・鉱物学を専門としていたが、理科大学地質学科を卒業後は人類学教室で助手を務め、福

田貝塚、浮島貝塚、亀ヶ岡遺跡などを調査している。佐藤による亀ヶ岡遺跡の調査は1895・1896（明治28・29）年の2回実施され、丘陵上とともに南北の低湿地が発掘されている。その結果はのちに紹介するが、『東京人類学会雑誌』に掲載された報告において、土器・土偶などの多くの遺物図版とともに目を引くのが、調査区の土層柱状図や土層断面図である（図16）。地表下に堆積する土層の厚さ、粒度、色調が一目でわかる図であり、現在の発掘調査で標準化している土層の観察・記載方法が100年以上前に佐藤によって導入されたことを示している。佐藤の調査で新たに判明したのは、地下深くの泥炭層から多数の遺物が出土したことである。その頃に調査された東京近郊の遺跡では、遺物が台地のローム層上の堆積層から出土していて、低湿地の、とりわけ泥炭層中から遺物が出土した事例はなかった。「遺物現出の有様大に其趣を一般既知のものと異にする」と佐藤が指摘した所以である。

佐藤の発掘調査報告で特筆すべきは、出土状況や出土遺物の報告にとどまらず、遺跡の成因を論じたことである。低湿地から遺物が出土する理由として、①低湿地が居住場所であった、②水の作用や人力により運搬された、③地震により台地から転落したという3つの仮説を提示し、それぞれ検証を行った結果、いずれも想定しがたいと述べる。そのうえで最も可能性の高い説として、海嘯（かいしょう）（津波）が亀ヶ岡遺跡を襲ったと主張

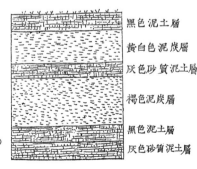

図16 佐藤傳蔵が報告した亀ヶ岡遺跡の土層柱状図

した。すなわち、日本海で発生した津波が当時は湖であった津軽平野に侵入し、台地上の住居を押し流した結果、地盤の一部とともに遺物が低地に転落したという仮説である。その津波説を補強する証拠として、砂層を挟んだ上下2層で同時期の土器が出土すること、土器の中で海藻が渦を巻いた状態にあることを挙げている。この海嘯説は、第2回調査直後の1896年6月15日に発生した明治三陸地震に伴う大津波から着想を得たものであることが記述からうかがえる。

　海嘯説の当否はともかく、佐藤が「低湿地遺跡」としての亀ヶ岡遺跡の特殊性を正しく認識し、広く国内外に事例を求めながら形成要因にまで踏み込んで考察できたのは、人類学教室による発掘調査の蓄積を基礎としつつも、自身が地質学の専門家であったことやスイスの杭上住居跡など海外の考古学研究に対する深い造詣による。国内における明治20年代の発掘調査の足跡をたどると、亀ヶ岡遺跡のように2カ年の連続調査が実施された石器時代遺跡はほかにない。東京から遠方の地にあり、第1回調査が北東北3県の人類学調査の一環として数日間の調査にとどまったという事情はあるにせよ、発掘を計画した地元の館岡村の招きに応じて第2回調査を実施している経緯からは、佐藤や人類学教室がただならぬ関心を亀ヶ岡遺跡に寄せており、その重要性を十分に認識していたことをうかがわせる。当時、人類学教室に所属していた鳥居龍蔵も亀ヶ岡遺跡に興味を持ち、「わざわざ其處へ、その土器石器の出る状態を見に行つた」ことを『ある老学徒の手記』に記しているが、「この遺跡がモース先生の大森貝塚以前に既に早く知られていたにも拘らず、これを學術上組織立てて研究することを怠つていたのは實に日本學者

の手ぬかりであった」と述懐しているほどである。

(3) 「泥炭層遺跡」、標式遺跡としての亀ヶ岡

「泥炭層遺跡」としての評価と植物製遺物の探究　1895・1896（明治28・29）年の佐藤傳蔵の発掘以後、記録による限りでは調査の空白期が約30年間続く。のちに触れるが、この時期、盗掘や遺物売買の横行により、亀ヶ岡遺跡は壊滅の危機に瀕したようである。それでも、1928（昭和3）年に東京帝国大学人類学教室の中谷治宇二郎、1934（昭和9）年に旧制弘前高等学校の小岩井兼輝、1940（昭和15）年に立正大学の吉田格により南側低湿地付近の小規模な発掘調査が実施されている。

　この時期の調査が南側低湿地に集中するのは、遮光器土偶の発見や佐藤傳蔵の調査報告が大きく影響したことは想像に難くない。そしてこの動向の背景にあるのが、大正期以降の人類学・考古学の専門分化である。明治期の石器時代人種論争が坪井正五郎の死去により収束し、大正期の人種論研究はもっぱら形質人類学者の手に委ねられるようになる。そうしたなか、考古学者は遺跡や出土遺物を対象とした独自の研究目的と方法論を洗練させていくことになり、この過程において、「泥炭層遺跡」としての亀ヶ岡遺跡が改めて注目されていく。中谷は『日本石器時代提要』において、遺物の出土状況にもとづき、遺跡を「遺物包含地」「土器塚」「泥炭層中の包含地」「火山灰下の包含地」「溶岩流下包含地」などに分類し、「泥炭層中の包含地」の例として、青森県是川遺跡や埼玉県真福寺貝塚とともに亀ヶ岡遺跡を挙げている。中谷は、1928年の亀ヶ岡遺跡調査で南側低湿地の泥炭層中から完形の土器が出土することを確認し、

佐藤傳蔵の調査結果を追認することになるが、遺跡の成因について
は佐藤と異なる説を提示する。すなわち、当時乾燥していた生活地
表が一旦沈下して十三湖の水を導き入れ、結果として泥炭層が生じ
たとする「沈降説」である。

　1934年に南側低湿地と傾斜地の境界付近を調査した小岩井兼輝
も、泥炭層とその下位の黒色粘土層中から完形の土器や石器、獣
骨、貝塚の出土を報告しており、同種の土器の完形品が並んで出土
する状況から、当時丘陵上と低地にわたり営まれた集落が、地殻降
下運動により水面下に没し、泥炭植物に被覆されたと論じた。中谷
と同様、「沈降説」を採用したのである。

　「泥炭層遺跡」「低湿地遺跡」の成因に関する議論は戦後の慶應義
塾大学の調査に引き継がれており、近年の丘陵上の新たな発見も加
わり、亀ヶ岡遺跡をめぐる争点の一つであり続けている。

　こうした遺跡形成論とは別の観点から、大正・昭和期に「泥炭層
遺跡」「低湿地遺跡」を対象とした調査研究が行われたことにも触
れておきたい。大山史前学研究所を主宰し、1923～1925（大正12～
14）年にヨーロッパに留学した考古学者の大山 柏は、ドイツの泥
炭層遺跡で木製の住居施設や木道などが発見された様子を目の当た
りにし、日本でも泥炭層遺跡における植物製遺物の探究の必要性を
指摘していた。大山史前学研究所に所属していた考古学者の甲野 勇
によれば、当時一般に知られていた国内唯一の「泥炭層遺跡」が亀
ヶ岡遺跡であったことから、その調査は大山にとって懸案だった
が、遺跡が遠方に所在することと、泥炭層の保存状態が不明なため
に調査の実現には至らなかったとされる。そうしたなか、1926（大
正15）年と1928・1929（昭和3・4）年に是川遺跡において低湿地

の調査が行われ、へら形木製品、網代様編物(あじろようあみもの)、漆塗り腕輪・弓、飾り太刀などの豊富な出土品が学会に報告される。同じ頃、漆器の出土をきっかけに大山史前学研究所による真福寺貝塚の発掘調査が実施され、泥炭層中から各種遺物とともに籃胎漆器が出土する。1932（昭和7）年に刊行された『日本石器時代植物製遺物図録』を見ると、多くの是川遺跡出土木製品などが掲載されているが、亀ヶ岡遺跡のものは全くない。この時点で亀ヶ岡遺跡の植物製遺物は、少なくとも学会においては知られていなかったようだ。亀ヶ岡遺跡出土の籃胎漆器や植物の蔓を巻き付けた石棒頭部などの個人所蔵品が学会誌にはじめて報告されるのは1941（昭和16）年のことである。

「亀ヶ岡文化」の標式遺跡　明治期、人類学分野の唯一の総合学術雑誌であった『東京人類学会雑誌』をひもとくと、明治20～40年代には亀ヶ岡遺跡に関する多くの報告を目にすることができる。佐藤蔀や神田孝平による遮光器土偶の発見報告や佐藤傳蔵による詳細な発掘調査報告を除けば、石器時代遺跡出土資料の集成・比較研究の中でとりあげられることが多い。精製土器の器形や文様、有孔土器や土製の蓋、土器内の貯蔵物、土器・石器の付着物、土偶の面貌・口辺装飾・頭髪、土面や土版などのさまざまな視点で資料の集成と比較が行われており、亀ヶ岡遺跡の豊富で良好な状態の出土品が、東北地方の石器時代遺跡の基準資料として重視されていく過程を追うことができる。明治・大正期の人類学・考古学会では土器編年研究は発展途上にあったが、亀ヶ岡遺跡の資料は日本石器時代の年代や地域性を研究するうえで欠かせない存在となっていく。

　大正末から昭和初期には、『東京人類学会雑誌』以外の注目すべき動向として、本格的な遺物集成図録の刊行が始まる。第Ⅰ部で紹

介した杉山寿栄男による『原始文様集』、『日本原始工芸』、『日本原始工芸概説』、『日本考古図録大成』には多くの亀ヶ岡遺跡出土品が写真・拓本・文様展開図を用いて紹介され、是川遺跡や宮城県沼津貝塚とともに東北地方の基準資料として取り扱われる（図17）。

ちなみにこの時期、考古学を題材とした絵葉書が博物館や研究機関、個人により盛んに発行される。複数葉一組のものが複数回発行され、東京帝室博物館、東京人類学会、東北帝国大学奥羽史料調査部が発行した絵葉書の中に、亀ヶ岡遺跡出土の土器、土偶、骨角器を題材にしたものを見出すことができる（図18）。

土器型式名の「亀ヶ岡式」の成立　現在、考古学の世界では、東北

右上・左上・左下図：『原始文様集』に掲載された亀ヶ岡遺跡の土器・土偶
右下図：『日本原始工芸』に掲載された亀ヶ岡遺跡の土偶（上段3点）
図17　『原始文様集』『日本原始工芸』に掲載された亀ヶ岡遺跡の土器・土偶

地方の縄文時代晩期の土器に対して「亀ヶ岡式」という総称が与えられている。言うまでもなく、亀ヶ岡遺跡に由来する用語なのだが、その成立には以下のような経緯があった。

明治期の資料集成と比較の結果、東北地方に特徴的な土器群と捉えられた亀ヶ岡遺跡などの資料は、大正期以降「獺澤式」「宮戸式」「出奥式」「陸奥式」「奥羽式」などと呼ばれ、用語が乱立していた。こうしたなか、東北帝国大学の長谷部言人は1919（大正8）年の宮城県里浜貝塚の発掘で出土した土器の報告を行い、粗製土器に「宮戸式」、精製土器に「亀岡式」の用語を与えた。長谷部によれば、「亀岡式」は「陸奥津軽地方に代表を有する土器の類にしてアイノ木器に似たる彫刻文様を有し、沼田頼輔氏の所謂亀岡式把手及び多数の縁突起を有する」と定義された。明治期、土器の口縁部装飾の一類型に「亀岡式把手」という名称を与えた先例があるとはいえ、土器の総体的特徴に対して「亀岡式」の名称を与えたのは長谷部がはじめてであろう。さらに長谷部は、1925（大正14）年の岩手県大洞貝塚の発掘調査報告において「所謂亀ヶ岡式或いは奥羽薄手式」が地点別・層位別に細分されることを指摘し、後に大洞式の各型式設定につながっていく。

「亀ヶ岡式」の用語が広く定着するうえで重要な役割を果たしたのは考古

図18 東北帝国大学奥羽史料調査部の発行した『石器時代遺物絵葉書』第一輯の亀ヶ岡遺跡出土「高坏形土器」

学者の山内清男である。長谷部のもとで東北帝国大学医学部の副手をしていた山内は、1930（昭和5）年の論文で用語乱立の経緯を整理しつつ、長谷部の用語を踏襲して「所謂亀ヶ岡式土器」という用語を用いた。1937（昭和12）年には山内による全国の縄文土器編年体系が示され、その中で晩期の奥羽地方には未命名の4型式を総称する形で「亀ヶ岡式」が用いられている（図19）。「亀ヶ岡式土器」に伴う各種の遺物やその地理的な広がりが明らかになる過程で、「亀ヶ岡文化」の理解も深められていく。1932（昭和7）年に雑誌『ドルメン』に連載され、その後の日本考古学に多大な影響を与えたとされる「日本遠古之文化」において、山内は「亀ヶ岡式」が東北地方で独自の発達をとげたことを説明し、その中で「亀ヶ岡式の文化圏」という表現を用いている。この論文発表以後、「亀ヶ岡式文化」「亀ヶ岡文化」という用語が他の研究者にも用いられだ

縄紋土器型式の大別と細別

		渡 島	陸 奥	陸 前	関 東	信 濃	東 海	畿 内	吉 備	九 州
早	期	住吉	(+)	潟木 1 〃 2	三戸・田戸下 子母口・田戸上 茅山	曾根？× (+)	ひじ山	粕 畑	黒 島×	戦場ケ谷×
前	期	石川野× (+)	円筒土器 下層式 （4型式以上）	室浜 大木 1 〃 2a,b 〃 3—5 〃 6	蓮田式〔花積下層/関山/黒浜/諸磯 a,b/十三坊台〕	(+) (+) (+) (+) 踊場	鉾ノ木×	国府北白川 1 大歳山	磯ノ森 里木 1	轟？
中	期	(+) (+) (+) (+)	円筒上 a 〃 b (+) (+)	大木 7a 〃 7b 〃 8a,b 〃 9,10	五領台 阿玉台・勝坂 加曾利E 〃 (新)	(+) (+) (+) (+)			里木 2	曾畑 阿高 出水 ?
後	期	青柳町× (+) (+) (+)	(+) (+) (+) (+)	(+) (+) (+)	堀之内 加曾利B 安行 1,2	(+) (+) (+) (+)	西尾×	北白川 2 ×	津雲上層	御手洗 西 平
晩	期	(+)	亀ヶ岡式〔(+)/(+)/(+)/(+)〕	大洞B 〃 B—C 〃 C1,2 〃 A,A'	安行 2—3 〃 3	(+) (+) (+) 佐野×	吉胡× 〃 × 保美×	宮滝× 日下×竹ノ内× 宮滝×	津雲下層	御 領

註記　1. この表は仮製のものであって，後日訂正増補する筈です。
　　　2. (+)印は相当する式があるが型式の名が付いて居ないもの。
　　　3. (×)印は型式名でなく，他地方の特定の型式と関聯する土器を出した遺跡名。

図19　山内清男の縄文土器編年表に用いられた「亀ヶ岡式」

し、戦後に本格的に普及していく。

コラム3：「ミネルヴァ論争」と亀ヶ岡遺跡

　昭和前期、山内清男をはじめとする「編年学派」が縄文土器編年研究の礎を築いていくが、その過程において「亀ヶ岡式土器」が縄文時代晩期の広域編年の要となり、全国的な編年体系が組まれていく。

　石器時代の終末が西日本に比べて東日本で遅れるという考え方は明治期の石器時代人種論争にもみられるが、考古学を舞台として本格的な論争へと発展したのが1936（昭和11）年の「ミネルヴァ論争」である。この論争は、雑誌『ミネルヴァ』に掲載された座談会での山内清男の発言に端を発するが、石器時代の終末年代は全国的に大差がないと考える山内に対し、歴史学者の喜田貞吉が反論し、東北地方における石器時代の終末年代を平安・鎌倉時代まで引き下げる自説を展開する。喜田は、是川遺跡などの青森・岩手県の遺跡で縄文土器に伴って宋銭や鉄製品が出土することを根拠の一つとしており、亀ヶ岡遺跡も喜田説の根拠としてとりあげられる。喜田は、亀ヶ岡遺跡で縄文土器に伴って鉄鏃が出土することを紹介し、「（前略）亀ガ岡のは遺蹟の実地も熟知し、実物をも調査して、ほぼその確実性を認めてよいと思う」と述べている。亀ヶ岡遺跡の鉄鏃は、西津軽地域の小学校長を歴任し、郷土史家でもあった佐藤公知により土器・石器とともに掘り出されたものであり、佐藤の著した『西津軽郡史』にも同様の記述がみられることから、喜田と佐藤の間には情報が共有されていたことがわかる。

　現在でこそ、出土炭化物を用いた高精度の年代測定結果が蓄積され、日本列島における弥生時代の開始年代は東西日本で最大600年程度の開きがあるとの理解が定着しつつあるが、遺跡内の層位的な上下関係とともに、「亀ヶ岡式土器」と日本各地の在地土器との共伴関係を手掛かり

第3章　亀ヶ岡遺跡の調査・研究の歴史

にして組み立てられた山内の編年体系はいまだ大きく揺らいでいない。

「ミネルヴァ論争」は、山内・喜田の主張が平行線をたどったまま終わりを迎えるが、亀ヶ岡遺跡をも巻き込んだ論争であったこと、そして在地の郷土史家も論争の一端を担っていたことは記憶されてよい。

⑷　遺跡壊滅の危機と史跡指定

　遮光器土偶の発見や佐藤傳蔵の発掘調査などを経て、亀ヶ岡遺跡は東北地方縄文時代晩期の基準資料として位置づけられる経緯をこれまで見てきた。学問の世界だけではなく、一般社会においても高い知名度を有していたことは、第1章で紹介した佐藤傳蔵の講演記録がよく伝えている。しかし残念なことではあるが、亀ヶ岡遺跡の知名度が増すにつれて、遺物売買を目的とした盗掘が横行して遺跡の破壊が進んだようである。1929（昭和4）年に中谷治宇二郎は「この大遺跡も永年の發掘に依って、殆どその跡を消そうとしてゐる」と述べ、佐藤公知も「亀ヶ岡は三百年以来地方の好事家によって乱掘された事は確かで、一時はこの大宝庫も空虚に等しくなったとまで評価された」と振り返っていることからも、亀ヶ岡遺跡が壊滅の危機に瀕しているとの認識が大正・昭和初期に広まったようである。

　こうした状況をふまえ、遺跡保護に向けた動きが地元から起こる。遺跡の所在する館岡村は、1934（昭和9）年8月31日付けで史跡指定申請書を文部大臣あてに提出している。長くなるが、申請理由箇所を以下に引用する。

　　　右（亀ヶ岡遺跡：筆者註）者本村大字亀ヶ岡地内ニ先住民族使用ニ係ル土器石器等多数埋没有之候處近来地方民其手續ヲ為ス

コトナク濫リニ之ヲ發掘スル傾向生ジ候條保護ヲ要スルモノト

　　被存候ニ付　史跡名勝天然紀念物保存法ニ依リ史蹟トシテ御指

　　定相成度関係書類相添ヘ此段及申請候也

　同年中に仮指定が行われたとする記録もあるが、官報・県報など
の記録を見る限り詳細は不明である。

　1944（昭和19）年6月26日付けで、亀ヶ岡遺跡に隣接する田小屋
野貝塚とともに史跡指定を受け、あわせて館岡村が管理団体に指定
された。指定名称は「亀ヶ岡石器時代遺跡」である。1919（大正
8）年に公布・施行された史蹟名勝天然紀念物保存法のもとでの史
跡指定であり、1921（大正10）年に京都府函石浜遺物包含地が石器
時代遺跡として初の史跡指定を受けて以後、石器時代遺跡の指定は
1943（昭和18）年までに計25カ所に達している。その多くが住居址
や貝塚であるのに対し、「亀ヶ岡石器時代遺跡」は低湿地の粘土層
や泥炭層から遺物が出土することを理由に史跡指定されている。指
定理由は以下のとおりである。

　　字甕子山及ビ其東南ナル低地ニ在リ、水田下三尺乃至四尺ノ部

　　分ニ砂質粘土層及泥炭層アリテ其中ニ特色アル縄紋式土器及ビ

　　石器等ヲ包含セルヲ以テ著名ナリ

　なお、指定名称に「石器時代」の付けられた遺跡は9遺跡ある
が、「亀ヶ岡石器時代遺跡」はその8番目、太平洋戦争終戦の前年
の指定である。困難な時局における文化財保護の歴史を今に伝える
遺跡である。

　戦後、文化庁の前身である文化財保護委員会により史跡境界杭が
設置された。その多くは失われたが、現在も亀ヶ岡遺跡を訪れる
と、現地に残された境界杭を目にすることができる。

第4章 亀ヶ岡遺跡の環境

(1) 遺跡の立地と地形・地質

　亀ヶ岡遺跡は、青森県西部の津軽半島日本海側の七里長浜に沿って南北に広がる屏風山砂丘地の東端部に位置する。屏風山砂丘地は、南は岩木山北麓から北は十三湖付近までの南北約30km、東西3～5kmの規模を有する低い丘陵地帯である（図20、口絵1頁上）。近世以降、この砂丘地には防風・防砂林としてマツやカシワが植林され、東の津軽平野から望むと、あたかも日本海と津軽平野を隔てて立ちはだかる屏風に見えることから屏風山と名付けられた。屏風山砂丘地には大小の沼が点在し、亀ヶ岡遺跡から南西へ4kmほどのベンセ沼付近にはニッコウキスゲの群落で有名な低層湿原がある。遺跡東側には南北60km、東西5～20kmに達する津軽平野が広がり、青森・秋田県境の白神

図20　津軽地域の地形

山地を源流とする岩木川が平野中央を北流して十三湖に至る。

　亀ヶ岡遺跡は、標高7〜18mの丘陵東端部からその南北の標高3〜4mの低湿地にかけて立地する。遺跡の丘陵部は亀山丘陵と呼ばれ、東側の末端部にかけて緩やかに傾斜する。南側の低湿地は沢根と呼ばれ、谷地形が東に伸びて津軽平野に連なる。北側の低湿地は近江野沢と呼ばれ、谷地形が北側に広がる。この南北の谷地形は、平野部からの開析をうけて形成されたもので、地下には泥炭層が厚く堆積する。亀山丘陵と南北の低湿地の間は傾斜地となる。近年の宅地化・農地化に伴う埋め立てにより不明瞭となっているが、当時は複数の小規模な開析谷が丘陵部に入り込んでいたようだ。

　屏風山砂丘地は、更新世から完新世にかけて形成された複数の段丘と、それらを覆う風成砂などにより構成されている。基盤は第三紀に形成された鳴沢層であり、その上位には山田野段丘と出来島段丘が広がる。遺跡周辺は山田野段丘の中位面にあたり、その構成層は、更新世後期の大規模な海進により形成された山田野層である。山田野層は、水平層理の発達した層厚25〜40mの砂層で、ところにより泥炭混じりの砂層や礫層を挟む。これらの段丘構成層を古砂丘砂が覆い、その上を1〜2m前後の厚さの岩木山火山灰層が覆う。さらに、火山灰層の上を新砂丘砂が覆い、西風の影響を受けて東西に伸びる縦列砂丘を形成している。

(2)　古十三湖の形成と縄文時代晩期の周辺環境

　現在、遺跡の立地する丘陵の東側には津軽平野が広がり、岩木川や山田川の流域にかけて三角州や後背湿地が発達している。しかし約2万年前頃には、最終氷期最寒冷期の海水準低下に伴い、古岩木

川や古山田川が山田野層を下方浸食し始め、基盤岩をも浸食して現海水準下50mに達する深い谷が形成された。氷期が終わり海水準が上昇し始めると、谷に海水が侵入する一方で古岩木川による埋積も進み、その結果、十三湖層と呼ばれる層厚50m以上の沖積層が形成されている。完新世になり、縄文海進によって約9,000年前頃には海水が津軽平野に入り込んで古十三湖が形成された。海進時の海水準や古十三湖岸線の位置については諸説あるが、海進のピークとなる7,500～7,000年前頃には、津軽平野一帯に古十三湖が広がっていたと考えられている（図21）。海進ピーク時以降には海退が進行するとともに、岩木川などの運搬する土砂が埋積して平野が拡大し、水域は縮小していった。亀ヶ岡遺跡付近のボーリング試料の層相観察や珪藻分析によれば、縄文時代晩期の3,000年前頃には、遺跡付近の低地の水域環境は淡水～汽水域に近く、河口部に近い地形環境が存在したことが地理学者の小岩直人により指摘されている。

遺跡南北の谷地形における泥炭層の堆積開始時期は、有機物の年代測定の結果から4,200年前頃（未較正、縄文時代中期後葉頃）と推定されている。低地の泥炭層の形成には遺跡東側を流れる河川が関係しており、古岩木川や古山田川などにより運搬された砂層が沢根・近江野沢の谷口を閉鎖し、窪地の帯水とハンノキなどの繁茂により泥炭層の堆積が進行したと考えられている。そして、沢根・近江野沢は縄文時

図21　津軽平野の縄文海進

代晩期頃に、何らかの人為的要因により泥炭形成が阻害されて有機質粘土が堆積するようになり、低地の乾地化が進行した。沢根における昆虫遺体の分析によれば、人類の生活残滓に関連する糞食性〜屍食性昆虫であるホネゴミムシダマシが縄文時代晩期の層準に多産する。このことから、生活域が水辺に近接していた可能性が昆虫学者の日浦勇と宮武頼夫により指摘されている。

(3) 縄文時代晩期の屏風山砂丘地

　日本各地の海岸砂丘地帯では、砂丘地が一時的に形成されるのではなく、特に沖積世を通じて砂丘の形成期と固定期が繰り返されてきたことがわかっている。固定期とは、長期間にわたって砂の移動がみられず、そのため砂丘の表面に腐植層が形成された期間を指す。砂丘砂層内に挟まれているこの腐植層はクロスナ層と呼ばれるが、屏風山砂丘地の南部では火山灰層を覆う砂丘砂層にクロスナ層が挟まれ、2時期のクロスナ層が確認された遺跡では、下位の旧期クロスナ層から縄文時代後期や弥生・続縄文時代の土器が出土する。クロスナ層は砂丘の固定期を示すことから、縄文時代後期から弥生時代にかけての屏風山砂丘地、特に亀ヶ岡遺跡を含む砂丘地の南側では飛砂による影響は小さく、草木に覆われた環境が広がっていたと考えられてきた。この考えによれば、亀ヶ岡遺跡から屏風山をこえて日本海沿岸の七里長浜までの移動は飛砂に悩まされることもなく、比較的容易であったことになる。しかし、亀ヶ岡遺跡から南西に12kmほどの七里長浜付近に位置する神田遺跡では、複数の泥炭層と砂層の互層からなる旧期クロスナ層とその間の縄文時代後期の遺物包含層が確認され、泥炭層に含まれる植物片や炭化物の年

代測定結果から、縄文時代晩期頃には比較的長い砂の移動期があったことも古植物学者の安昭炫らの研究により明らかになっている。

　当時の海岸線は、寒冷化の影響により現在の七里長浜よりも沖合に存在し、その手前には泥炭層の堆積した沼や湿地が広がっていた。時期によっては沿岸部からの飛砂の影響もあったが、日本海沿岸付近は縄文時代晩期の亀ヶ岡遺跡やその周辺の人々にとって日常的な活動範囲であり、黒曜石や玉の原材料となる緑色凝灰岩の小礫などを入手するため頻繁に訪れたことであろう。

第5章 縄文時代晩期の亀ヶ岡遺跡

⑴ 低湿地の捨て場

第4章で述べたように亀ヶ岡遺跡は地形上、亀山丘陵とその南北の沢根・近江野沢の低湿地からなる。明治期から繰り返し調査され、豊富で良好な資料が泥炭層や粘土層から多数出土した低湿地の様子をまずは確認していく。東京帝国大学の佐藤傳蔵、慶應義塾大学、青森県立郷土館の調査により何がわかってきたのだろうか。

①沢根低湿地の調査

泥炭層中の遺物包含層の発見―佐藤傳蔵の調査　佐藤は1895（明治28）年の第1回調査で南側の沢根低湿地を発掘し、良好な遺物包含層を確認している。調査地点の詳細は不明だが、低湿地の東端部付近と推定される。表土以下に計6層の堆積層が確認され、土器、土偶、石器、玉などの遺物がおもに「灰色砂質泥土（粘土）層」の下部と「褐色泥炭層」から出土した（図16・22）。土器は薄手で、高坏が過半数を占めること、赤く彩色されたものが多いことが報告された。図化された土器の器形・文様の特徴から、時期は晩期後葉頃と考えられる。土偶は下半身や脚部の破片が出土した。石器は石鏃が多く、打製石斧は少数である。クルミの実3点が壺形土器の中から出土した。注目されるのは玉の製作に関する報告である。素材となる緑色凝灰岩の小礫やさまざまな未成品があることを紹介して製

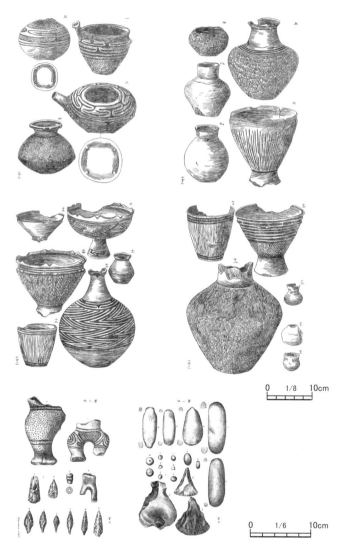

図22　佐藤傳蔵の沢根調査出土遺物

作過程を復元しているが、穿孔面が整って滑らかであることから、石器時代人の金属器使用という現在からみれば誤った見解も示している。

粘土層中の遺物出土状況の確認—慶應義塾大学の調査　1950（昭和25）年、「泥炭文化層」の成因解明を目的とした慶應義塾大学の調査が沢根低湿地において行われた。湧水やかつての盗掘坑による地盤の軟化によって調査区の壁が崩落するなど、調査が難航した様子が調査報告書に記されている。19mの間隔をあけてA・Bトレンチの2カ所の調査区が設定された（図23）。

Aトレンチは丘陵裾部から低地にかけて長さ15m、幅2mの規模で設定された。おもな遺物包含層は泥炭層上の黒色粘土層であり、その下底付近の地表下2mほどの深さから完形の土器が出土した（図24）。泥炭層内には若干の遺物を含む程度である。しかし、「泥炭文化層」の成因究明のために最も期待していた丘陵裾部は、近年の削平と整地により地形改変を受けていて、当時の堆積状況を確認できなかった。

Bトレンチはまず、東西方向に長さ8m、幅2mの規模で設定された。主な遺物包含層は泥炭層上に堆積した灰色粘土層であり、所々に灰や炭の薄い層が挟まる。地表下1.5～2mほどの灰色粘土層上部の2m四方から多量の遺物が出土した（図25）。直径20cmほどの直立した木杭の周囲から7～8個の完形の土器と漆塗の土製耳飾、その北東部から密接して重なり合った7個の完形の土器、さらにやや離れて完形の土器4個以上、棒状木器2点、籃胎漆器がまとまって出土した。Bトレンチ東端を北側に4×2m拡張した範囲でも、1m四方に8個の完形の土器などが出土した（図26・27）。

第5章　縄文時代晩期の亀ヶ岡遺跡

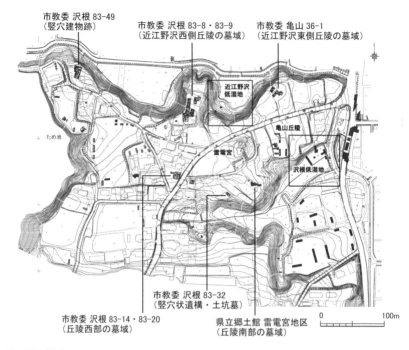

近江野沢拡大図

沢根拡大図

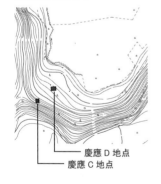

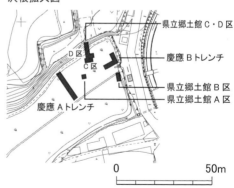

図23 過去の主な調査地点

土器以外にも、玉の原材料となる緑色凝灰岩の小礫24個がまとまって発見された。

層序の特徴から、A・Bトレンチの堆積土はおおむね対応関係があり、両トレンチともに遺跡形成当時に堆積しつつあったのはおもに粘土層であることがわかった（図28）。泥炭層から完形の土器が多数出土した佐藤傳蔵の調査を受けて、「泥炭層遺跡」とされてきた亀ヶ岡遺跡の理解に修正を迫る結果であった。なお層序対比から、Bトレンチは佐藤の調査地点に近かったと考えられている。

A・Bトレンチでは、おもな遺物包含層である粘土層から土器、土偶、円盤状土製品、石器、玉類とその原材料、籃胎漆器、木製品、骨角器、動物遺体などが出土したが、特に重要な成果をあげれば、土器群の変遷を追えたこと、漆器類・木製品・骨角器の内容や時期が把握できたこと、動物遺体は種類・量ともに比較的乏しいことである。

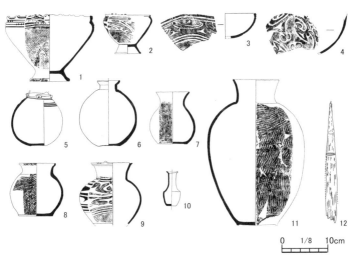

図24 慶應Aトレンチ黒色粘土層の出土遺物

第5章 縄文時代晩期の亀ヶ岡遺跡

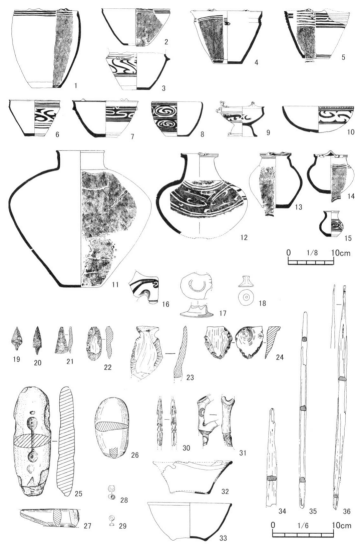

図25 慶應Bトレンチ灰黒色粘土層の出土遺物

第Ⅱ部 遺跡のあゆみ

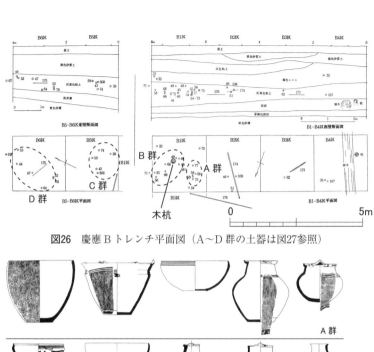

図26 慶應Bトレンチ平面図（A〜D群の土器は図27参照）

図27 慶應BトレンチのA〜D群土器

第5章 縄文時代晩期の亀ヶ岡遺跡 ──────── 59

まず土器について。Aトレンチでは粘土層下底付近、Bトレンチでは粘土層上部に遺物が集中するため、Aトレンチの資料が古く、Bトレンチの資料が新しいと考えられるが、土器群の内容からもこのことは裏付けられる。A・B地点の資料はいずれも壺や鉢・台付鉢が主体だが、文様や器形の特徴によれば、Aトレンチが晩期中葉の大洞C_1〜C_2式期、Bトレンチが大洞C_2式期である。

　漆器類は、Bトレンチから朱漆塗りの籃胎漆器や櫛、棒状製品に塗布された漆被膜などが出土し、当時多様な漆製品が製作されたことがわかった。籃胎漆器の籠材はクマザサ類である（図25-32・33）。木製品はおもにBトレンチから箆状、棒状、槍状、杭状のものが出土しているが、いずれも簡易な加工である（図25-34〜36）。

　骨角器は銛、箆状、尖頭状、管状のものが出土したが、いずれも少量である（図25-30・31）。動物遺体はシカ・イノシシが少量出土するほかはごくわずかであり、動物資源の入手は低調であったようだ。

　緑色凝灰岩の玉類は、完成品から製作途上の未成品までさまざまな段階の資料が出土したほか、玉の整形に用いられたと考えられる有溝砥石も出土した。

　やや意外なのは、土偶の出土数がわずかなことであろう（図25-16・17）。報告書にも指摘されたように、土偶の出土地点はある程度限定され、完形の土器とは別個に存在するようである。

丘陵裾から低湿地にかけての状況確認―青森県立郷土館の調査　亀ヶ岡文化の内容、縄文時代晩期の自然環境、泥炭層の形成過程と内容などを明らかにするため、青森県立郷土館は1980〜1982（昭和55〜57）年の3カ年にわたり発掘調査を行った。沢根低湿地で3地点、

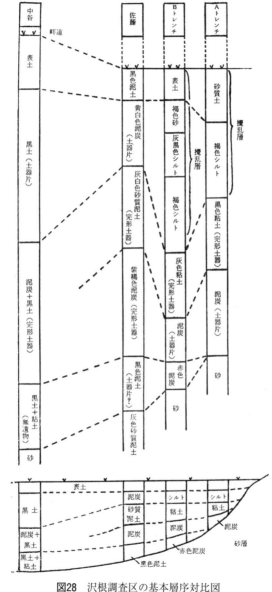

図28 沢根調査区の基本層序対比図

第5章 縄文時代晩期の亀ヶ岡遺跡

近江野沢低湿地で1地点の調査区を設定したが、ここでは特に重要な成果のあった沢根のB区とC・D区の調査を紹介する（図23）。

青森県立郷土館の調査でも、やはり調査区壁面の崩落、湧水、雨天後の排水に悩まされた様子が調査報告書に記されている。「遺物が出土すると、水との戦いである。水と泥を排除してはすぐ遺物の出土状態の写真を撮影」しながら作業が進められた。

1980・1981（昭和55・56）年に調査されたA～C区のうち、遺物量はC区が圧倒的に多く、1982（昭和57）年の調査ではC区北側にD区が設定され、丘陵裾から低湿地にかけての層序や出土状況の把握が試みられた。C・D区の遺物出土状況は、「土器が一面に敷きつめられている状態」であった。

B区、C・D区ともに泥炭層（あるいは泥炭質の層）とその上位の粘土層が確認され、佐藤傳蔵や慶應義塾大学の調査と層序の対比が可能である。主な遺物包含層は、B区では地表下1～2m、C・D区では地表下0.5～1.5mにあり、いずれも泥炭層の上位の砂質・シルト質粘土層や粘土層である。

C・D区では晩期前葉から中葉にかけての遺物が出土した（図29・30）。

土器のほとんどは晩期中葉の大洞 C_1～C_2 式期である。おもな器形は深鉢、鉢・台付鉢、壺であり、一部の壺や台付浅鉢には漆が塗布される。円盤状土製品は深鉢の破片を円く再加工したもので、中心部を穿孔することもある（図30-29～31）。

石器は石鏃、石匙、石箆、石錐、磨石、凹石、敲石、砥石などがあり、黒曜石の原石や剝片も多数出土している。玉類は、未成品やその原材料となる緑色凝灰岩の小礫も含め多数出土している。

玉、緑色凝灰岩の小礫、有溝砥石など、玉作りに関係する遺物が集中して出土した地点もある。

櫛は頭部のみの残存で歯を欠くが、もとは12本以上の歯があった。浅鉢形と考えられる籃胎漆器の破片も複数出土した。撚紐を束ねた縄の断片2点は、細い撚紐100本以上を束ねて1本にしたもので、さらに2本の縄は細い撚紐で結ばれている。縄の表面には赤と黒の漆が付着していて、漆漉し布と考えられる（図31）。

動物遺体は、シカ・イノシシなどの大型陸獣、アシカ・オットセイなどの大型海獣、昆虫の翅など、植物遺体はクルミなどがある。

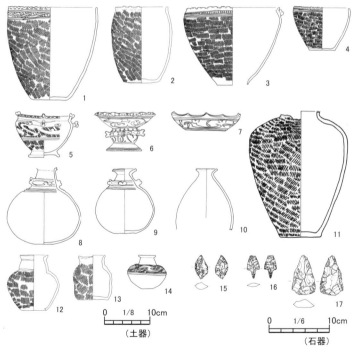

図29 郷土館C区Ⅳ層の出土遺物

第5章 縄文時代晩期の亀ヶ岡遺跡 ─────────── 63

B区では晩期中葉から後葉にかけての遺物が出土した（図32）。

土器は下層と上層で年代が異なり、下層では晩期中葉の大洞C_1式期から後葉の大洞A式期にかけて、上層では後葉の大洞A式期から弥生時代中期にかけての資料が出土する。層位ごとの時期変遷が明瞭に捉えられるわけではないが、出土遺物の年代がおもに大洞

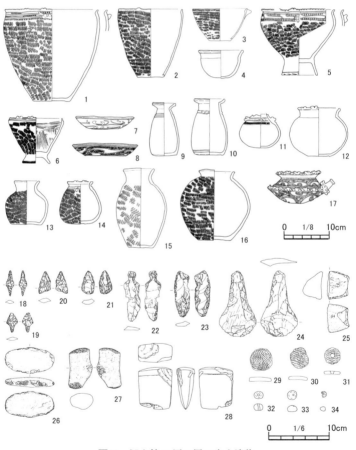

図30 郷土館D区Ⅲ層の出土遺物

64 ─────────────────────────── 第Ⅱ部 遺跡のあゆみ

Ａ式期であるため、Ｂ区はＣ・Ｄ区より後に形成された遺物包含層といえる。

　Ｃ・Ｄ区に比べて壺が少なく、Ｂ区のおもな器形は深鉢や鉢・台付鉢である。工字文、変形工字文などの文様や条痕文、四足の脚部など晩期後葉に新たに出現する特徴も認められる。土製品には、刺突文土偶や「コ」の字状の文様の土版など

図31　漆漉し布

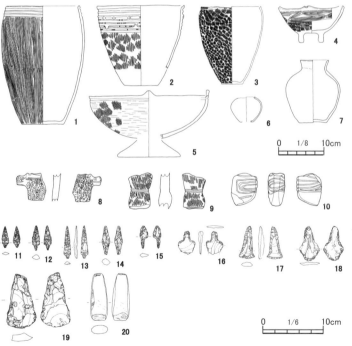

図32　郷土館Ｂ区Ⅵ～Ⅶ層の出土遺物

第5章　縄文時代晩期の亀ヶ岡遺跡 ── 65

がある（図32-8・10）。

　石器は、石鏃、石匕、石錐、石篦、磨製石斧、石皿などがある。玉類は、未成品やその素材となる小礫が多数出土した。玉の穿孔に用いられたと考えられる小型の石錐も多数出土した。

　このほか、イノシシ、ウグイ類、タイ類、鳥骨などの動物遺体が出土した。

②近江野沢低湿地の調査

　大規模な遺物包含層の発見—佐藤傳蔵の調査　佐藤は、1896（明治29）年の第2回調査時に遺跡北側の近江野沢低湿地を調査している。調査地点は近江野沢南側の丘陵に面した場所であり、「亀ヶ岡に於て最も有望なる遺跡地」と目されていた（図33）。第1回調査と同じく調査区の土層断面図が作成されるが、近江野沢では遺物が「紫褐色泥炭層」から出土せず、その上の「泥炭質泥土層」からおもに出

図33　田小屋野貝塚から望んだ近江野沢の発掘調査の様子

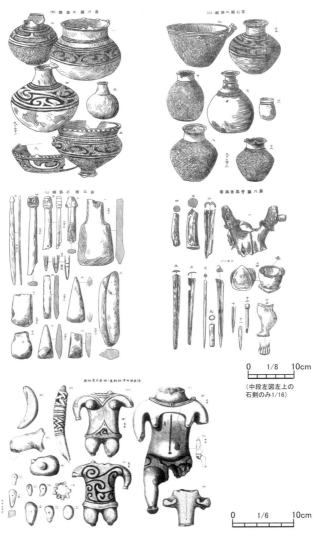

図34 佐藤傳藏の近江野沢調査出土遺物

第5章 縄文時代晩期の亀ヶ岡遺跡 ── 67

土することが報告されている。佐藤らの期待に違わず、出土遺物は質・量ともに豊富で、完形あるいはほぼ完形の土器が約250個、土偶19個をはじめとする多数の土器、土製品、石器、石製品、骨角器などであった（図34）。完形あるいはほぼ完形の土器のうち、壺形が7割を占める。報告された図版をみると主要な文様は雲形文であり、出土遺物の年代は晩期中葉の大洞 C_1～C_2 式期と考えられる。土偶には完全な形の出土品はないが、脚を曲げ、腹部が膨らむ妊娠女性の特徴を表現したものが1点ある。土偶表面の剝がれた場所や折れ面には漆のような付着物が観察され、補修された可能性も指摘されている。重要な成果として動物形土製品が2点出土し、この種の土製品は亀ヶ岡遺跡においてその存在がはじめて明らかになった。このほか、貝塚というには少量ながらヤマトシジミの貝殻が出土し、人の手で採集された貝が廃棄されたと佐藤は考えている。

時期の異なる上下2層の遺物包含層の確認—慶應義塾大学の調査　小規模ではあるが、近江野沢に面した亀山丘陵の裾にあたる2カ所を慶應義塾大学が調査している（図23）。C地点は緩斜面の2ｍ四方が調査され、灰黒色粘土層から縄文時代晩期の土器片が多数出土した。さらに下位の青色砂層の下から3層にわたり縄文時代後期の土器が多数出土したため、時期の異なる上下2層の遺物包含層が無遺物層を挟んで確認されたことになる（図35）。後期の遺物包含層のさらに下位には泥炭層が2層確認されたが、周囲の地盤が崩落したため調査は途中で中止された。

　D地点はC地点から北東方向に10ｍ離れた場所に設定された。層序がC地点と大きく異なり、泥炭層の著しい発達が認められ、泥炭層を含む複数層から遺物が出土した。ただし、C・D地点間と

同様、D地点と佐藤傳蔵の調査区も層序が大きく異なり、近江野沢が複雑な堆積環境にあったことが推測されている。

　出土遺物は、C地点の上層から晩期中葉の大洞C_1～C_2式期の土器、無遺物層である砂層で隔てられた下層からは後期中葉～後葉の土器などが出土した。縄文時代晩期を遡る時期の遺物包含層のはじめての発見であった。D地点では泥炭層より上の複数層から遺物が出土し、そのほとんどが大洞C_1～C_2式期である。

　低湿地の調査からわかること　佐藤傳蔵、慶應義塾大学、青森県立郷土館による調査成果について、筆者なりのまとめを試みたい。なお、ここでは人工遺物のみをとりあげ、動物・植物遺体や花粉分析結果はのちに触れる。

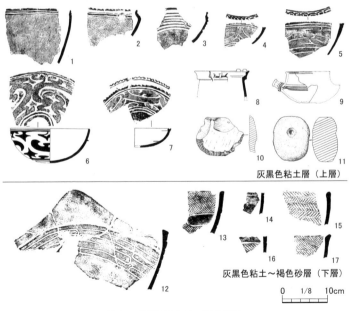

図35　慶應C地点の出土遺物

第5章　縄文時代晩期の亀ヶ岡遺跡

沢根・近江野沢ともに遺構の存在は明確でない。唯一可能性があるのが、慶應Bトレンチで確認された直立した木杭であり、周囲から完形の土器が多数出土している。

縄文時代晩期の遺物が出土する層位は、各地点とも泥炭層とその上位の粘土層である。沢根では、佐藤が泥炭層からその上位の粘土層にかけての出土を報告したが、慶應義塾大学と青森県立郷土館は、ほとんどの遺物が泥炭層上の粘土層から出土すると報告している。近江野沢では、佐藤が泥炭層上の「泥炭質泥質土」からの出土、慶應義塾大学が粘土層あるいは泥炭層からの出土を報告する。近江野沢は層序の対比が難しく傾向を捉えがたいが、沢根については各地点ともに主要な遺物包含層は泥炭層上の粘土層と考えてよく、地点によっては泥炭層にも及んでいる。第4章で紹介したように、縄文時代晩期の低湿地では泥炭形成が阻害されて有機質粘土の堆積が進み、生活残滓に関連する糞食性〜屍食性昆虫が多産するが、泥炭層上に堆積した粘土層に遺物が多量に含まれることからも、晩期縄文人による活動が低湿地付近で活発化したことは確かである。

沢根の各調査地点における遺物包含層のおもな時期は、慶應Aトレンチと郷土館C・D区が大洞C_1〜C_2式期、慶應Bトレンチが大洞C_2式期、郷土館B区が大洞A式期である。このことから、晩期中葉には広範囲の遺物包含層が形成され、後葉に入るとその範囲は縮小しつつ東側に移動したと考えられる。近江野沢では、各地点とも晩期の遺物包含層は大洞C_1〜C_2式期である。

晩期土器群の層位的変遷は1カ所の調査地点において捉えられていないが、沢根の複数の調査地点を組み合わせることで、大洞C_1

～C$_2$式期→大洞 C$_2$式期→大洞 A 式期の変遷をたどることができる。

　遺物の出土状況で注目されるのは、完形の土器と玉の製作関連遺物である。土器については、慶應 B トレンチのように 7～8 個の完形の土器のまとまりが複数箇所で出土しており、特徴的な遺物廃棄の様相を示す。慶應義塾大学の調査報告をまとめた考古学者の清水潤三も指摘するように、低湿地の遺物包含層は不用品の廃棄により形成され、捨て場としての性格を有するが、土器完形品のまとまりには何らかの祭祀・儀礼行為が関係したと推定される。玉については、慶應 B トレンチや郷土館 C 区で玉類、玉未成品、有溝砥石、緑色凝灰岩の小礫がまとまって出土する状況から、晩期中葉から後葉にかけて玉の製作が盛んとなり、その結果、関連遺物がまとめて低湿地に廃棄されたと理解される。

　籃胎漆器などの植物製品や木製品は、いずれも大洞 C$_1$～C$_2$式期のものであり、この時期に漆利用や植物製品・木製品の製作と使用が盛んになった。

(2)　丘陵の墓域と竪穴建物跡

遺跡主要部の探索　佐藤傳蔵の海嘯説は研究史の中で紹介したが、津波により遺物が丘陵上から低地に押し流されて埋没したという仮説であり、丘陵に居住域があったことを前提としている。清水潤三も、泥炭層が形成されている低地に囲まれた亀山丘陵に、遺跡の主要部があるとの予測を立てていた。

　このように、明治期から終戦後まで一貫して、「泥炭層遺跡」「低湿地遺跡」の特殊性を説明するためには亀山丘陵がカギを握ると考えられてきた。過去に若林勝邦、佐藤傳蔵、吉田格などの研究者が

第5章　縄文時代晩期の亀ヶ岡遺跡

調査したにもかかわらず、攪乱や盗掘痕に当たり思うように成果のあがらなかった場所である。丘陵上には一体、縄文時代の人々のどのような活動の痕跡があったのか。つぎに、このことについてみていく。

明治期の調査　亀山丘陵の調査は、古くは1889（明治22）年に東京帝国大学の若林勝邦により実施された。調査地点・出土状況ともに不明であるが、壺形土器、大型の遮光器土偶の眼部破片や下半身、石匙、石錐、磨製石斧、石剣などが出土した（図36）。

中谷治宇二郎は、「雷電社のある丘の杉の木を倒すと、その根に數個、時には數十個の完全な土器が鈴生りにぶら下がつてゐた」という大野雲外の後日談を紹介している。雷電社とは、今も亀山丘陵の中央部に位置する雷電宮のことであり、その辺は丘陵上でも標高の高い場所にあたる。低湿地で完形の土器がまとまって出土したような状況が、丘陵上でもみられたようだ。

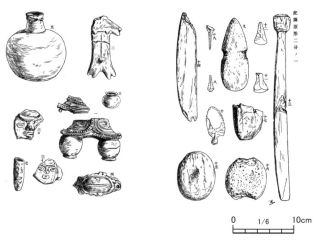

図36　若林勝邦の亀山調査出土遺物

明治期の断片的な報告後、亀山丘陵に関する情報はしばらくの間途絶える。こうした状況に変化が訪れるのは、若林や佐藤の調査から80年ほどのちの青森県立郷土館の調査によってである。

丘陵南部の墓域の発見—青森県立郷土館の調査　1982（昭和57）年、青森県立郷土館により雷電宮南側の亀山丘陵南縁部が発掘調査された。調査地点の東側と南側は沢根低湿地に向かう傾斜地である（図23）。住居跡の検出を目的とした調査であったが、結果的に縄文時代晩期の土坑墓群などが確認された。計26基の密集した遺構群には、A群とB群の2つのまとまりが捉えられた。遺構の平面形状はA群が楕円形、隅丸長方形、円形と多様な形状であるのに対し、B群はおもに隅丸長方形である（図37）。A群とB群は遺構内の堆積土、遺構周辺および遺構内の遺物量に差がある。A群は遺物が多く、晩期前葉〜中葉の大洞BC〜C_1式期が主体。B群はほとんど

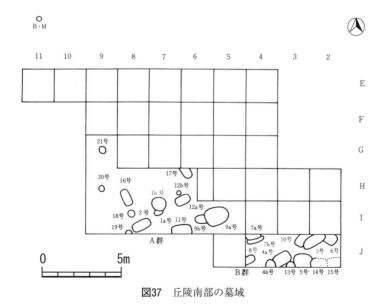

図37　丘陵南部の墓域

第5章　縄文時代晩期の亀ヶ岡遺跡

遺物が出土せず、晩期中葉の大洞C_1〜C_2式期が主体となり、A群より若干新しい。

A群・B群の遺構内からは、壺形土器、土偶、円盤状土製品、石鏃、石錐、籃胎漆器が出土し、いずれも副葬品と考えられる（図38）。底面から赤色顔料が出土することもある。このほかの特徴として、A群は遺構上部に黄褐色ロームマウンドを伴うものがある。あるいは遺構上面から完形の土器や復元可能な土器が出土することが多く、墓に伴う供献品の可能性が指摘されている。

遺構の構築面からは縄文時代後期〜晩期の遺物が多量に出土する

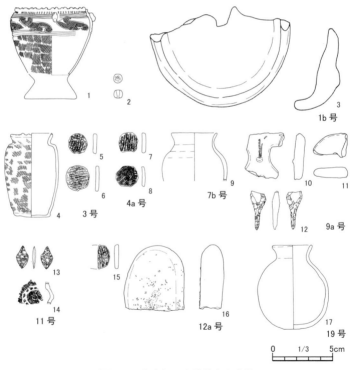

図38 丘陵南部の土坑墓出土遺物

が、その遺物包含層の形成時期は、おもに晩期前葉〜中葉の大洞BC〜C_1式期である。土器・石器のほかに土偶、有溝石製品、玉類、アスファルトの塊、炭化したクルミなどが出土している。

丘陵北部の墓域の発見1—近江野沢東側丘陵の墓域　つがる市教育委員会は、1944（昭和19）年に指定された史跡範囲の拡張を目的として、2013〜2017（平成25〜29）年に亀山丘陵における発掘調査を行った。この調査の過程で、大小4カ所の土坑墓群を検出している。主要な土坑墓群は、近江野沢を挟んで東側丘陵の50基と西側丘陵の36基である。

2017（平成29）年、近江野沢東側の丘陵縁辺部に4mの間隔をあけて2つの調査区を設定した（図23の亀山36-1地点）。いずれも多数の土坑墓が検出され、両調査区を含む一帯に縄文時代晩期の墓域が形成されたことが判明した。土坑墓は50基を数え、平面形状は主

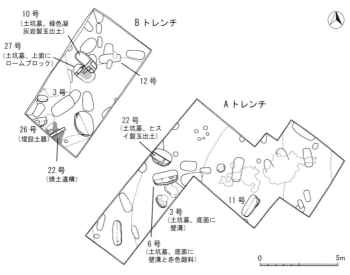

図39　近江野沢東側丘陵の墓域

第5章　縄文時代晩期の亀ヶ岡遺跡

に長楕円形や隅丸長方形である（図39）。急傾斜地に面したBトレンチでは土坑墓の重複が激しい。このほか、土器棺墓と考えられる埋設土器1基、焼土の広がり1カ所、性格不明の小ピットが複数確認された（図40）。土坑墓のいくつかを半分に断ち割って掘り下げたところ、底部をめぐる壁溝が確認された（図41）。土坑墓の規模には大小あるが、いずれも壁溝を有する構造が確認されたことから、大人も子供も同様の墓に埋葬されたと考えられる。底面付近から赤色顔料の出土した土坑墓もある。上面は近年の農地化により削られているが、一部でロームマウンドの痕跡も確認された。

図40 近江野沢東側丘陵の埋設土器

遺構内外ともに遺物量は非常に少なく、土坑墓から出土した遺物は、装身具と考えられるヒスイ製の玉、副葬品と考えられる緑色凝灰岩製の玉、石鏃、石匙などである（図42）。遺構ごとの遺物量もわずかであり、例外は、破片も含めて120点の緑色凝灰岩製の玉が出土した土坑墓である（図43、口絵3頁上・

図41 土坑墓底部の壁溝

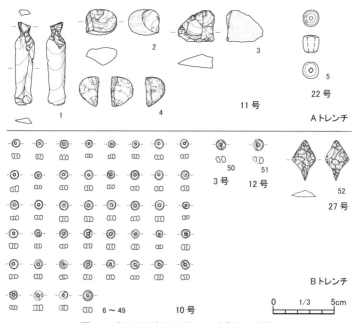

図42 近江野沢東側丘陵の土坑墓出土遺物

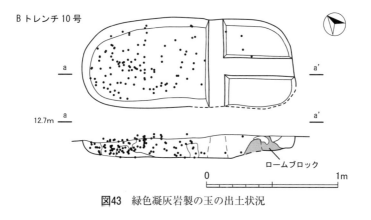

図43 緑色凝灰岩製の玉の出土状況

第5章 縄文時代晩期の亀ヶ岡遺跡

下）。

　土坑墓出土の遺物の特徴や炭化物の放射性炭素年代測定から、土坑墓群の構築時期は縄文時代晩期前葉〜中葉頃と判断された。

　丘陵北部の墓域の発見2―近江野沢西側丘陵の墓域　調査地は北側に張り出す舌状の丘陵上であり、2016・2017（平成28・29）年に3地点がつがる市教育委員会により調査された（図23の沢根83-8・83-9地点）。ここでは縄文時代前期末葉〜中期初頭、中期中葉、晩期前葉〜中葉の3時期の遺構が確認された（図44）。

　前期末葉〜中期初頭はおもにフラスコ状土坑、中期中葉は竪穴建物跡、晩期前葉〜中葉はおもに土坑墓であり、時期を追って土地利用が変化していくことがわかる。中期中葉の竪穴建物跡が廃絶し埋没した後、その上部に晩期の土坑墓が作られる場合もある。

　晩期の土坑墓は計36基であり、舌状の丘陵一帯に墓域が形成されたことがわかる。墓域内には焼土や炭化物の広がりも確認された。土坑墓の平面形状は長楕円形や隅丸長方形をなす。土坑墓のいくつかを半分に断ち割って調査したところ、底部の壁溝や上部のロームマウンド、そして底面には少量ながら赤色顔料の広がりが確認された（口絵2頁中・下）。

　遺物量は遺構内外ともに非常に少なく、土坑墓から壺形や深鉢形の復元可能な土器が出土したほかには明確な副葬品はない（図45）。

　土坑墓から晩期前葉〜中葉の土器が出土すること、土坑墓を覆う堆積層が大洞C$_2$式期であることから、時期は晩期前葉〜中葉頃と判断された。

　墓域の広がりと形成時期　これまでの調査により、おもな墓域が亀山丘陵の北縁部に2カ所、南縁部に1カ所確認されている。確認さ

れた土坑墓の数は、近江野沢東側丘陵の50基、近江野沢西側丘陵の36基、丘陵南部の19基のほか5基であり、総数が110基になる。墓域は広大な亀山丘陵の全域に漫然と広がるのではなく、大きな群をなして偏在する。しかも、墓域はいずれも丘陵縁辺部に位置し、沢根や近江野沢の低湿地に面した場所である。

　墓域の形成時期は縄文時代晩期前葉〜中葉頃であり、この前後の時期とは遺構の分布も種類も大きく変わる。第6章で縄文時代前期から弥生時代前期にかけての遺構・遺物分布の変遷を確認するが、大規模な墓域が形成されるこの時期に、亀ヶ岡遺跡の土地利用形態

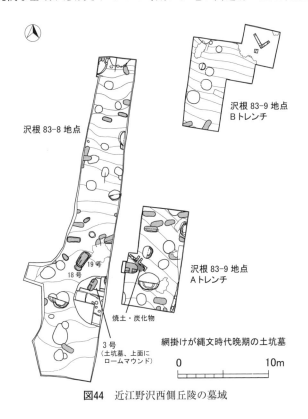

図44　近江野沢西側丘陵の墓域

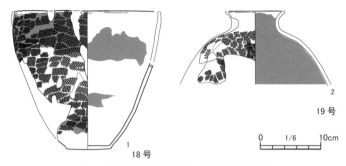

図45 近江野沢西側丘陵の土坑墓出土遺物

の画期を認めることができる。

この時期に、沢根・近江野沢の両低湿地や丘陵南縁部では大量の遺物包含層が形成され、範囲も拡大する。つまり、捨て場が発達する時期にあたる。このことから、晩期前葉〜中葉頃の丘陵縁辺部における大規模な墓域の形成と、斜面下の低地に同時期の捨て場が広がることには関連があったと考えられる。

土坑墓の特徴と副葬品 近江野沢東側丘陵の土坑墓から出土した炭化物5点の放射性炭素年代測定結果は、3,420±20 yrBPから2,760±20 yrBP（未較正）の約700年間の年代幅がある。これは縄文時代後期中葉〜晩期中葉頃にあたり、墓域の形成が後期に遡る可能性を示唆するデータである。慶應義塾大学による近江野沢の調査でも後期中葉〜後葉の遺物包含層が確認されることから、少なくとも遺跡北側では後期中葉以降、丘陵縁辺から低地にかけて何らかの活動があったと考えられる。

しかし、丘陵上の3カ所の墓域を全体としてみれば、墓域が拡大するのは晩期前葉からであり、大多数の土坑墓は晩期中葉までの約

500年間に構築されたものである。調査で明らかとなった土坑墓群は、この500年間の埋葬行為が累積した姿と考えてよいだろう。丘陵南部においてA群・B群という細かな時期差を有するまとまりが捉えられたように、複数の土坑墓からなる小群があり、それらが累積して一つの墓域が形作られていると考えられる。丘陵北側の墓域は、部分的な調査のため小群を捉えることは今のところ難しいが、今後調査が進めば、その存在も明らかになるだろう。

　土坑墓のおもな特徴は、上部のロームマウンドと底部の壁溝である。壁溝の役割は明らかではないが、縄文時代晩期の墓地である青森市の朝日山(2)遺跡では、土坑墓の壁溝の底部にはめ込まれた板材が検出され、木棺の可能性が指摘されている。亀ヶ岡遺跡では板材は未確認だが、木枠をもつ墓が一定数存在した可能性もある。

　ところで、亀ヶ岡遺跡の地山をなすのは岩木山火山灰に由来するローム層であり、土坑墓を調査しても人骨は確認できないため、被葬者の性別、年齢、埋葬姿勢など重要な情報が失われている。こうした状況は、貝塚を伴う墓地を除いた多くの遺跡が抱える課題であり、考古学では人骨の出土しない土坑墓群から情報を引き出すための手法が模索されてきた。最も有効な手法の一つが、埋葬された遺体の頭位方向の推定にもとづく研究である。縄文時代晩期には、地面を楕円形や長楕円形に掘り込んでから遺体を埋葬することが一般的であり、遺構の平面形状から被葬者の体の軸が確定できる。加えて、土坑墓内から出土する装身具などの副葬品や赤色顔料は土坑墓のいずれかの端に偏って出土することが多く、その偏る側に被葬者が頭を向けていたと推定する。

　こうした手法から、亀ヶ岡遺跡ではどのような情報を読み取るこ

第5章　縄文時代晩期の亀ヶ岡遺跡 ————————————— 81

とができるだろうか。すでに紹介した3カ所の墓域に、3基の土坑墓群からなる丘陵西部の墓域をあわせて比較すると、地点ごとの傾向が見えてくる（図23・46）。丘陵南部と近江野沢西側丘陵では土坑墓の長軸が東西方向を向くものが多く、被葬者の頭位方向に強い規制があったことをうかがわせる。多くの土坑墓からは副葬品や赤色顔料が出土しないため、それらの位置を手掛かりとした具体的な頭位方向の推定は難しいが、丘陵南部では東方向、近江野沢西側丘陵では西方向の傾向が認められる。一方、丘陵西部では3基の土坑墓はいずれも南北方向を軸とする。近江野沢東側丘陵では、隣接する土坑墓どうしの長軸はそろう傾向にあるが、墓域全体では長軸方向のばらつきが大きく、東西方向、南北方向、北東－南西方向、北西－南東方向が組み合わさる。頭位方向の傾向はつかめないが、南東方向を向くものが複数ある。

おそらく、最小の単位となる埋葬小群は、丘陵西部のような数基

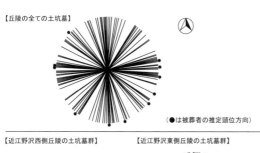

図46　土坑墓群の長軸方位

からなる土坑墓群であり、頭位方向は統一されただろう。そうした小群が時間をかけて累積しながらも、頭位方向に強い規制が働き続けたのが丘陵南部や近江野沢西側丘陵の墓域であり、ゆるやかな頭位規制のもとにさまざまな小群の累積した結果が近江野沢東側丘陵の墓域であろう。この墓域におけるさまざまな頭位方向は、被葬者どうしの関係性が多様であったことを想像させる。

　被葬者の頭位方向による墓域ごとの傾向が大まかにつかめたが、副葬品はどうか。調査した土坑墓のうち副葬品の出土する割合は2割程度に過ぎないが、結論からいえば、墓域ごとにも墓域内の小群ごとにも副葬品の内容はさまざまだ。壺形土器、土偶、円盤状土製品、石鏃、石匙、ヒスイ製や緑色凝灰岩製の玉類、岩版、籃胎漆器がおもなものだが、土坑墓ごとの副葬品の量はわずかであり、組み合わせも一定しない。ただし、丘陵南部の墓域B群の3号と4a号は、近接していて時期や形状・長軸方向も同じであり、いずれも籃胎漆器と円盤状土製品がセットで出土していることから、被葬者どうしの近い関係をうかがわせる事例である（図37、図38-5〜8）。

　例外的に多量の副葬品が出土したのが近江野沢東側丘陵のBトレンチ10号であり、在地の石材である緑色凝灰岩を加工した直径6〜8mm、孔の直径1〜2mm程度の規格的な玉類が多数出土している（図42-6〜49）。破片資料も含めて120点ほどあるが、土坑墓の片側に散らばって出土していることから、玉類は被葬者の頭部から上半身にかけて振り撒かれたと推定される。被葬者がどのような人物かはわからないが、多量の副葬品により手厚く葬られたことは確かである。同じ墓域のAトレンチ22号では、ヒスイ製の玉1

点のみが底面付近から出土しているが、その出土状況から、被葬者が生前に身に着けていた装身具と考えられる（図42-5）。

土偶の用途を考えるうえで興味深い情報も得られている。過去の調査では土偶の多くは南北の低湿地から出土しているが、一部は副葬品として土坑墓からも出土する。丘陵南部の墓域A群の9a号と11号は近接し、いずれも上部にロームマウンドが構築されるが、9a号からは小型の板状土偶1点のほか岩版や石錐などが出土し、11号からは大型の遮光器土偶の胸部破片1点のほか石鏃などが出土している（図37、図38-10・14）。土坑墓の時期も構造も同じでありながら、副葬品のセットや土偶の特徴が異なる。被葬者どうしは一体どのような関係にあったのだろうか。

赤色顔料は、亀ヶ岡遺跡の一部の土坑墓で底面から出土している。多くは粉末状の顔料が撒布された状態で出土するが、なかには原材料のベンガラが塊のまま副葬された例もある（図47）。粉末状の赤色顔料は成分分析が行われ、津軽半島北部の赤根沢などを原産地とするベンガラのみならず、近江野沢東側丘陵と丘陵南部の土坑墓からは遠隔地産の水銀朱がベンガラと混じりあって出土することがわかっている。水銀朱は籃胎漆器の塗料にも用いられる希少な原料であり、特別な被葬者に撒布された可能性も考えられる。

丘陵北西部の竪穴建物跡　丘陵上の調査成果として墓域を紹介してきたが、もう一つ重要な成果がある。土坑墓群とほぼ同時期の竪穴建物跡の発見である。

2009（平成21）年のつがる市教育委員会による発掘

図47　土坑墓から出土したベンガラ塊（右端の長さ1.9cm）

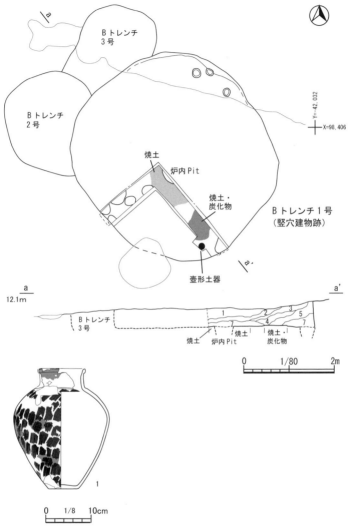

図48 縄文晩期の竪穴建物跡と出土遺物

調査で確認され、地点は亀山丘陵の北西部である（図23）。竪穴建物跡は1棟であり、長径4.4mの不整円形をなす。遺構保存のため部分調査にとどめているが、床面中央付近から炉跡と焼土の広がりが確認されたほか、付属ピットも複数確認された。床面付近で出土した壺形土器から、建物跡の時期は縄文時代晩期中葉と考えられる（図48・49）。つまり、丘陵東側で墓地の造営が最盛期を迎えた頃、やや離れた丘陵北西部に竪穴建物が建てられたのである。2017（平成29）年には、この調査区の南隣接地を調査したが、新たな竪穴建物跡や居住域の広がりを示す証拠は発見されなかった。

なお、晩期の竪穴建物跡に関連する情報として、丘陵南部の墓域の西側で検出された竪穴状遺構1基がある。長径2.6mの不整円形をなすと考えられる遺構であり、壁の立ち上がりが明確ではなく、底面に炉跡や焼土も伴わないことから竪穴建物跡とは判断できなかった（図23・50）。

(3) 道具の製作と流通

亀ヶ岡遺跡を標式遺跡とする縄文時代晩期の亀ヶ岡文化は、土器や石器などの日常生活道具のほか、土偶、土面、土版、岩版、石剣・石刀などの非実用的な道具、玉類、漆塗り櫛、鹿角製垂飾などの装身具が発達する。

図49 縄文晩期の竪穴建物跡

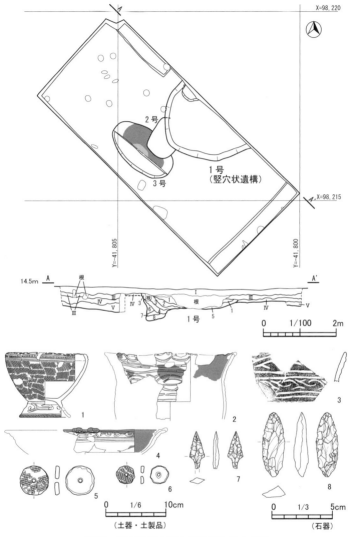

図50 縄文晩期の竪穴状遺構と出土遺物

第5章 縄文時代晩期の亀ヶ岡遺跡

土器は、煮炊きに用いられる装飾性の乏しい粗製土器とともに、複雑な文様や丁寧な器面調整が施された精製土器、赤漆・黒漆で彩色され精巧な文様が描かれた漆塗り土器がセットとして存在することも特徴である。

　ここでは亀ヶ岡遺跡から出土した各種の遺物の特徴と変遷を整理しつつ、素材の入手、道具の製作、製品の流通に関する情報を交えながら紹介する。

　土器　山内清男が1937（昭和12）年に発表した「縄紋土器型式の細別と大別」の編年表において、東北南部の「陸前」では大洞B・BC・C_1・C_2・A・A′式の6型式が設定されるが、東北北部の「陸奥」では「亀ヶ岡式」の総称のもとに未命名の4型式が示されただけである。東北北部には、東北南部とも北海道渡島半島とも異なる土器型式があるとの山内の見解が反映されている（図19）。

　型式設定のこうした過程をふまえれば、亀ヶ岡遺跡において晩期縄文土器の変遷を整理することには相応の意義がある。出土層位の上下関係による確実な変遷を追うことは現状では難しいが、幸いなことに調査地点ごとに出土土器の特徴が異なることから、調査区の層位一括資料にもとづき、大洞式の各型式も参考にしながら土器群の変遷を示すことができる（図51〜54）。

　晩期初頭の大洞B式期から終末の大洞A′式期までの土器が途切れることなく出土するが、遺物量が多いのは前葉の大洞BC式期から中葉の大洞C_2式期までである。これは墓域や捨て場が発達する時期に相当する。

　大洞B式期はB_1式期とB_2式期に細分される。いずれも遺物量が少ないが、深鉢を主として浅鉢や壺が少量伴う。B_2式期には片口を

有する深鉢も伴う。文様は、B_1式期に入組文や玉抱三叉文、B_2式期に連弧文や入組三叉文などがある。

　大洞 BC 式～C_1式期にかけては深鉢や鉢・台付鉢を主として浅鉢や壺が伴う。文様は羊歯状文が多用されるほか、X 字文や C 字文がある。まれに 5 ～ 7 条を 1 組とする曲線文も用いられる。北海道系と考えられる刺突文土器（図51-18・33・34）が少量出土するのは、大洞 B_2式期から BC 式期にかけての時期である。

　大洞 C_1式～C_2式期には壺の割合が高まり、深鉢、鉢・台付鉢、浅鉢とともに主要な器形となる。C_1式期には皿と注口土器も少量伴う。C_1式期の文様は、C 字文や X 字文を基調とする雲形文が多用される。壺には、口縁と胴部の境が隆帯や沈線で区画され、粘土粒を貼付する装飾が特徴的である。C_2式期の文様は、雲形文に加えて C 字文や S 字文が横位に展開し、多段化する場合もある。大洞 C_2式期には在地の土器に混じって、北海道渡島半島から津軽地域にかけて新たに広がる聖山式の浅鉢や壺（図52-83、53-92・93）が出土する。

　大洞 A 式期は深鉢が主体となり、鉢・台付鉢、浅鉢、壺が伴う。この時期に四脚の鉢が出現し、深鉢には縦方向の条痕文がしばしば認められる。文様は工字文、矢羽状文、変形工字文である。

　大洞 A′ 式期は鉢・台付鉢、台付浅鉢の割合が高まり、深鉢が減少する。鉢や浅鉢の口縁は波状となり、文様は変形工字文や匹字文である。

　亀ヶ岡遺跡では晩期を通じて土器が出土するが、素材となる粘土の採取場所や土器の焼成場所などはこれまでのところ不明である。ただし、父親の佐藤公知とともに 2 代にわたり膨大な亀ヶ岡コレク

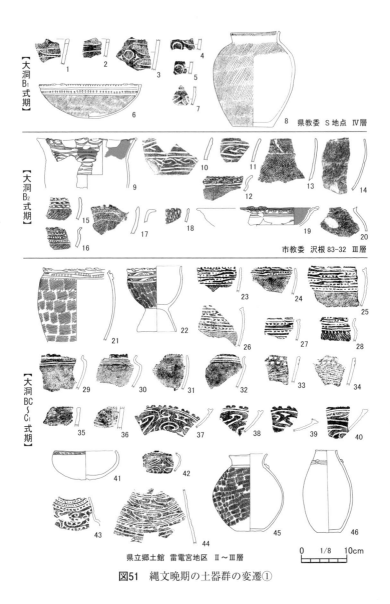

図51 縄文晩期の土器群の変遷①

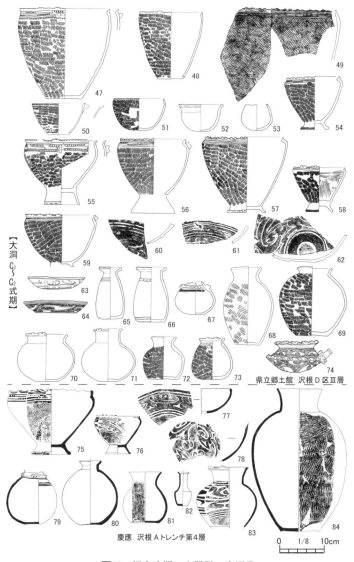

図52 縄文晩期の土器群の変遷②

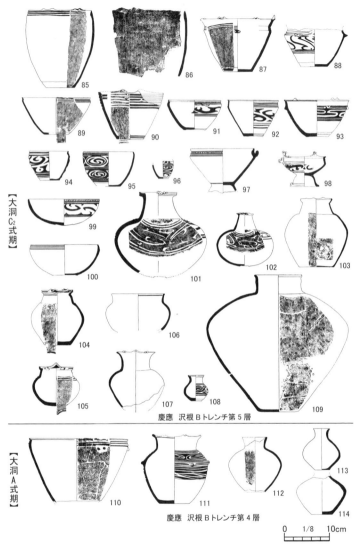

図53 縄文晩期の土器群の変遷③

ションを築いた医師の大高興は、遺跡出土の土器とともに、遺跡および周辺地域で採取できる粘土を対象として元素比分析、X線回析分析、焼成実験を行い、亀ヶ岡遺跡西側の上沢辺付近が粘土採取地であった可能性を指摘している。

　土器に漆を塗ることは大洞C_1式期からA式期にかけて盛んとなり、おもに浅鉢、皿、壺に彩色される。赤漆の原料となるベンガラは鉄バクテリアではなく、赤鉄鉱の鉱石であることが永嶋正春によ

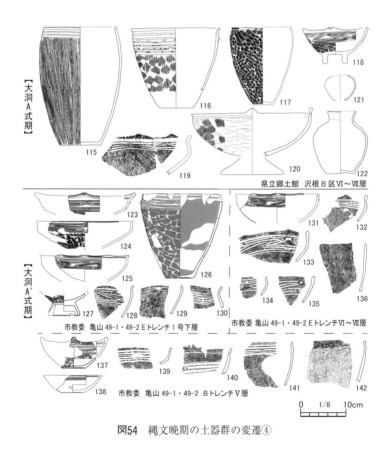

図54　縄文晩期の土器群の変遷④

り指摘されている。津軽半島北端部の赤根沢などから塊として赤鉄鉱が運び込まれ、遺跡内で製粉して利用された可能性が高い。採集資料だが、赤色顔料の付着した磨石や石皿も出土している（図55）。

土器群の変遷で触れたように、出土土器には北海道南部との交流をうかがわせる資料もある。晩期前葉には北海道系と考えられる刺突文土器、晩期中葉から後葉にかけての時期は聖山式土器が一定量出土することから、津軽海峡を越えた人や物の往来がこの時期に強まったようである。

土偶・土面　調査研究の歴史で触れたように、亀ヶ岡遺跡出土資料の中でも土偶は重要な位置を占めるが、その多くは出土位置や共伴遺物が不明であり、土偶の消長や量的変化、遺跡での使われ方などには不明な点が多い。1887（明治20）年に偶然発見され、1957（昭和32）年に重要文化財に指定された遮光器土偶も、出土位置は沢根におけるおおよその位置しかわからない。

まずは、明治期以降の発掘調査で原位置から出土し、共伴遺物のわかる土偶を確認する。若林勝邦の亀山丘陵の調査では、晩期中葉頃の壺形土器に伴って大型遮光器土偶の眼部および胴・肩部破片と下半身、小型の土偶顔部などが出土している（図56-5・6・9・10）。佐藤傳蔵の近江野沢の調査では、晩期中葉の土器に伴い、頭

図55　赤色顔料の付着した石皿とベンガラ

部は欠損するが全身の形状がわかる土偶が2点出土している。うち1点は膝をほぼ直角に折り曲げた「屈折像土偶」であり、腹部の膨らみから妊娠女性を象ったものである（図56-8、口絵6頁下）。佐藤と青森県立郷土館の調査では刺突文土偶の上半身が出土しており、晩期後葉まで継続して土偶が使用されたことも注目される（図57-22・23）。採集資料もあわせて整理すれば、亀ヶ岡遺跡では晩期前葉の土偶は少数で、晩期中葉〜後葉頃の土偶が多い。特に中葉頃には大型の遮光器土偶、屈折像土偶、小型の板状土偶、X字形土偶などの多様な土偶が遺跡に残された。

　土偶のおもな出土地点は沢根・近江野沢の両低湿地に広がる捨て場だが、亀山丘陵からも出土し、なかには大型の遮光器土偶もある。丘陵南部の墓域の調査が示すように、土坑墓に副葬された土偶もあった（図56-14）。

　遮光器土偶は小型で中実のもの（図56-1）と大型で中空のもの（同図2〜5）があり、晩期前葉〜中葉の大型中空の遮光器土偶は多くが低湿地から出土するようである。つがる市木造亀ヶ岡考古資料室寄託品（同図2、口絵6頁上）は頭部、東京国立博物館所蔵品（同図4、表紙）は片脚を欠損するのみでいずれも完形に近い状態である。これに対して丘陵上の出土資料は少ないうえ、若林勝邦の調査資料が示すように破片状態で出土するといった違いがある。

　土面は、土偶に比べて数は少ないが複数出土している。遮光器状の眼部を有し、眼部の周囲に隆帯がめぐらされる。鼻は眼部周囲の隆帯あるいは眉に接続する（図57-28・29、口絵7頁上・下）。いずれも出土状況は不明だが、時期は晩期中葉頃と考えられる。

　石器　石器は縄文時代晩期を通じ、形態や組み合わせに明確な変

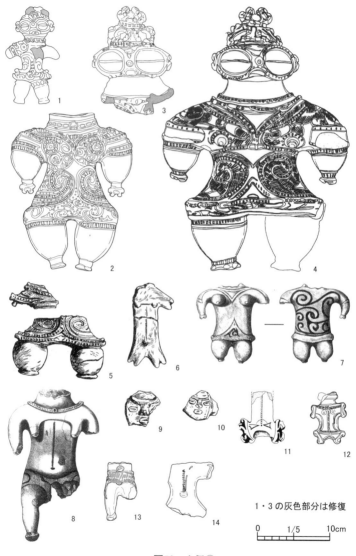

1・3の灰色部分は修復

図56　土偶①

化がみられない。石鏃、石匙、石箆、石錐の出土量が比較的多く、このほかに磨製石斧、砥石、敲石、凹石、石皿なども少量出土する。出土した石器と動物・植物遺体から推定されるのは、シカやイノシシなどの動物資源の獲得や加工処理、トチやクリなどの堅果類の加工といった生業活動に石器が利用されたことである。さらに、磨製石斧などを用いて木材の伐採と加工も行われたことを、沢根から出土した木製品が示している。

石鏃、石匙、石箆、石錐などの鋭利な石器にはおもに珪質頁岩(けいしつけつがん)が利用されるが、石錐にはメノウ、玉髄(ぎょくずい)、チャートも多用される。磨製石斧には輝緑岩(きりょくがん)や玄武岩(げんぶがん)、砥石と石皿には砂岩(さがん)や安山岩(あんざんがん)、敲石と凹石には花崗岩(かこうがん)、流紋岩(りゅうもんがん)、安山岩などが用いられる。剥片石

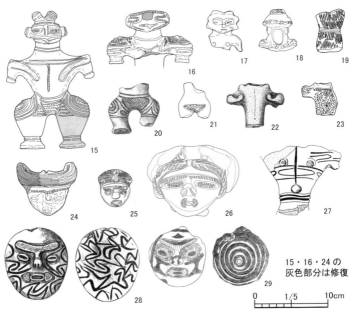

15・16・24 の灰色部分は修復

図57 土偶②、土面

第5章 縄文時代晩期の亀ヶ岡遺跡 ─────── 97

器に用いられる石材は、いずれも亀ヶ岡遺跡の立地する屏風山砂丘地では産出しない。メノウや玉髄は、礫石器の素材となる花崗岩や安山岩とともに、日本海に面する七里長浜付近で採集されたのちに遺跡内で加工されたと考えられる。良質の珪質頁岩製の石器は遺跡内での加工の痕跡が不明瞭であり、その多くが完成品あるいは製作途中の状態で遺跡に持ち込まれたであろう。

例外なのは、遺跡で多量に出土する黒曜石製の石器である。青森県立郷土館の調査だけでも1,500点の以上の剥片と石核、24個の原石が出土している（図58）。蛍光 X 線分析により、採集地は遺跡から西に 4 km ほど離れた出来島海岸付近であることが判明しているが、亀ヶ岡遺跡では黒曜石製の石鏃、石匙、石箆などがほとんど出土しない。黒曜石の円礫が大量に遺跡に持ち込まれて打ち割られたことには、遺跡内で必要とされる道具類の製作とはまた別の目的が

図58 黒曜石の剥片と石核

あったのかもしれない。

　玉類　亀ヶ岡遺跡から玉やその未成品が多数出土することは、明
治期の佐藤傳蔵の調査以後、たびたび指摘されてきた。これまでの
調査で玉の完成品、成形・穿孔途中の未成品、素材となる緑色凝灰
岩の小礫とともに、玉の穿孔に用いられた玉髄・メノウ製の小型の
石錐、玉の整形に用いられた有溝砥石が出土していることから、亀
ヶ岡遺跡で素材の入手から成形、整形、穿孔まで一連の作業が行わ
れたことは明らかである（図59）。玉の未成品や素材となる小礫、
小型の石錐、有溝砥石は、ほとんどが沢根低湿地からその東側にか
けて出土していて、この一帯が主要な玉加工場であったと考えられ
る。砥石を用いて玉を研磨するには、低地の水場付近が便利だった
のだろう。玉は、晩期前葉の大洞 BC 式期から後葉の大洞 A 式期
にかけて遺跡内で継続的に製作される。

　玉類の原材料である緑色凝灰岩の産地については、佐藤傳蔵がす
でに1900（明治33）年に日本海沿岸の鰺ヶ沢町大戸瀬付近と推定し
ている。ただし、緑色凝灰岩は第三紀に形成された火砕岩帯に由来
し、津軽地域に広域に分布する。亀ヶ岡遺跡から出土する原石の多
くが直径 1 ～ 2 cm 程度の小さな円礫であり、その円磨度も高いこ
とから、津軽半島の西海岸で広く採集可能であったと思われる。若
林勝邦が図版入りで紹介したように、緑色凝灰岩の小礫や玉の未成
品が入れられた小型の壺が亀ヶ岡遺跡から出土していて、このよう
な状態で小礫や加工途中の玉が持ち運ばれたのであろう（図60）。

　ところで、玉の加工場と考えられる沢根低湿地付近では、多量に
出土する製作途中の未成品や素材の小礫に比べて完成品が少ない。
完成した玉はどのように取り扱われたのだろうか。玉は装身具で

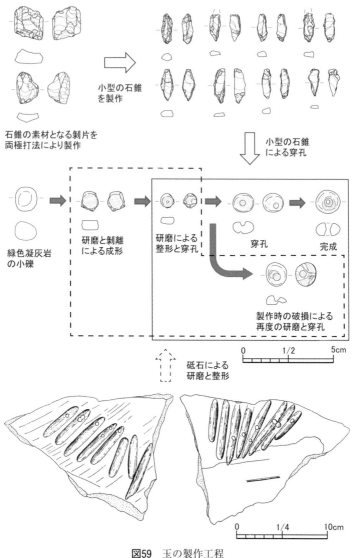

図59 玉の製作工程

あったと考えられるが、用途はそれだけではなく、近江野沢東側丘陵の土坑墓で確認されたように、遺体の埋葬時には副葬品としても用いられている。ただし、亀ヶ岡遺跡では、墓の造営が途絶えて捨て場の規模も縮小する晩期後葉まで玉作りが継続する。この時期になると、製作された玉は搬出されて、おもに遺跡外で流通したと考えられる。

　在地の石材を利用した玉とは別に、遠隔地産のヒスイを加工した玉も少量出土している。亀山丘陵の土坑墓底面や土坑墓周辺から出土し、被葬者の装身具や副葬品であったことをうかがわせる。出土位置は不明ながら、ヒスイ製の玉は低湿地からも出土している。

石剣・石刀・石棒　石剣・石刀は採集資料を含めて多数あるが、出土状況のわかる資料は少なく、その多くが低湿地から出土したようだ。沢根の慶應Ｂトレンチや県立郷土館Ｄ区、近江野沢の佐藤傳蔵調査地点から出土した石剣・石刀は晩期中葉のものであり、粘板岩や絹雲母片岩など遠隔地産と考えられる石材を用いている。特に、佐藤による近江野沢の調査では、頭部や刃部の破片資料を含む26点以上が出土している（図34の中段左）。石棒は、若林勝邦の亀山丘陵の調査で全形のわかる資料が１点出土している（図36の右端）。

骨角器　動物資源は食料としてだけではなく、漁労具や生活具、装身具などのさまざまな道具に加工された

第二圖

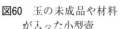

図60　玉の未成品や材料が入った小形壺

第５章　縄文時代晩期の亀ヶ岡遺跡

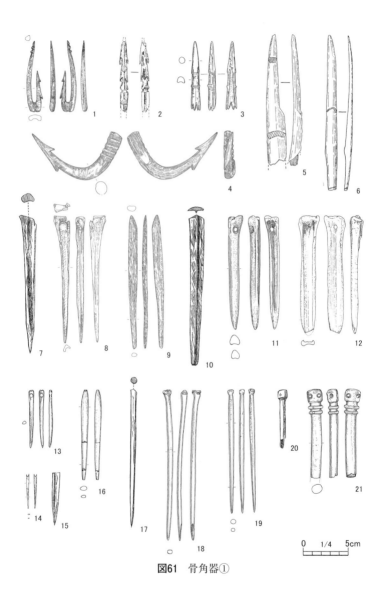

図61 骨角器①

(図61・62)。出土状況は不明なものも多いが、佐藤傳蔵や慶應義塾大学の調査では、沢根や近江野沢から晩期中葉の土器に伴い出土している。漁労具には、シカの角や骨を用いた釣針、銛、鉤針がある（図61-1〜4）。銛には無孔銛（むこうもり）（同図2）と開窩式離頭銛（かいかしきりとうもり）（同図3）の2種類があり、沿岸部や内水域での漁労活動がうかがわれる。生活具には、シカ・イノシシ・鳥骨製の刺突具、ヘラ状具、針などがある（図61-5〜19）。

シカの角やイノシシの牙を加工した装身具も複数出土している。特に、奇形の鹿角に装飾を施した垂飾が有名である（図62-1、口絵8頁上）。イノシシの牙を切断した短冊形の垂飾品は、両端に穿孔があることから環状に組み合わせたと考えられる（図62-4・5）。このほか、アシカの犬歯にも切断や穿孔といった加工痕が認められることから、装身具として利用されたかもしれない。

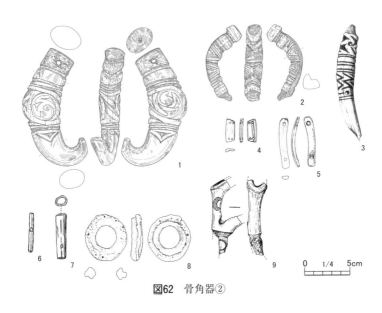

図62 骨角器②

第5章 縄文時代晩期の亀ヶ岡遺跡 ─────── 103

籃胎漆器　籃胎漆器は沢根低湿地の捨て場や亀山丘陵の土坑墓から出土し、いずれも晩期中葉の大洞C_2式期のものである。特に、沢根から出土した籃胎漆器は遺存状態もよく、器形がわかる資料である。底部は網代編みされて4カ所の突起を有し、口縁に向かい外反する。籠の原材はクマザサ類であり、その上に黒色漆、素黒目(すぐろめ)漆、最後に朱漆を3層塗り重ねている（図63-1）。

出土状況は不明ながら、このほかにも良好な遺存状態の籃胎漆器が亀ヶ岡遺跡から出土している（口絵8頁下）。黒漆を素地として、

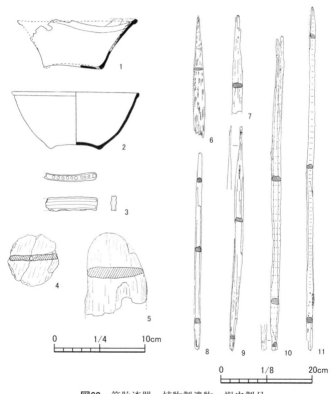

図63　籃胎漆器・植物製遺物・樹皮製品

赤漆により「π」字状の文様2単位が点対象に施され、この意匠が3段に展開する。こうした採集資料を含めても、亀ヶ岡遺跡出土の籃胎漆器はいずれも大洞C_2式期頃の限られた時期に盛んに製作、使用されたと考えられる。

木製品・樹皮製品　沢根低湿地から、スギを加工した箆状木器（図63-6）、ヒノキアスナロを加工した異形棒状品（同図9）、握り付棒状品（同図10）、槍の可能性ある製品（同図11）、杭状品（同図7）などの木製品や漆塗りの櫛（同図3）、トチノキの樹皮を加工した円盤状製品（同図4）などが少数出土している。木製品はいずれも原材を縦に割り、粗く加工したものである。

ガラス玉　遺跡東側の県道バイパス工事に先立ち、青森県教育委員会により1973（昭和48）年に実施された発掘調査でガラス玉が1点出土した（図64）。直径3.8mmで中央に直径0.8mmの孔が開けられている。色調はスカイブルーで、内部に気泡がある。側面には研磨痕も認められる。伴って出土した土器の年代から、縄文時代晩期末葉の大洞A′式期のガラス玉と報告された。

このガラス玉は後に、古代ガラス研究者の村串まどかなどにより蛍光X線による成分分析が実施され、カリガラス製で銅を着色物質としていることが判明した。銅着色のカリガラスは弥生時代中期中葉に近畿周辺や瀬戸内で出土し、中期後葉から流通することから、ガラス玉の年代は弥生時代に下る可能性もある。

(4) 動物・植物資源と生業

動物資源の特徴　亀ヶ岡遺跡の低湿地に捨て場、丘陵上に墓域を形成した人々は遺

図64　ガラス玉

跡付近でどのような動物資源を入手していたのだろうか。古くは、佐藤傳蔵が低湿地におけるヤマトシジミの貝層の可能性を指摘し、小岩井兼輝も粘土層中において遺物とともにハマグリ、アカガイ、アサリの出土を確認し、貝塚の存在を報告している。しかし、その後の調査で明確な貝層は確認されていない。慶應義塾大学や青森県立郷土館の沢根調査でも、動物遺体は種類・量ともにあまり豊富ではなく、縄文時代晩期を通じて狩猟・漁労が盛んに行われた様子はうかがえない。出土した動物骨の多くはイノシシとシカであり、晩期中葉の大洞 C_1～C_2 式期にこれらが主要な狩猟対象獣であったことが青森県立郷土館の沢根 C 区の調査からわかる。晩期中葉～後葉の遺物が出土した沢根 B 区では、イノシシ・シカの陸獣骨に加えてウグイ、タイ、タラの魚骨も出土し、汽水～海水域に生息する魚類も入手していたことがわかる。アホウドリやガン・カモ科の鳥骨も少量出土している。

　縄文時代晩期を通じて遺跡周辺での狩猟・漁労活動が低調であったことは、墓地という遺跡の性格を反映したものと考えられる。しかしその一方、ゴンドウクジラ、イルカ、オットセイ、アシカなどの大型海獣やサメの骨も出土することから、遺跡から西に 4 km ほど離れた日本海沿岸では、海獣などの狩猟も行われたと考えられる。遺跡から出土する開窩式離頭銛などは、そのための狩猟具であろう。

　タヌキ、イヌ、ヒグマ、ツキノワグマも出土し、ヒグマの犬歯は北海道からの搬入品と考えられている。

植生の変化と植物利用　慶応義塾大学の調査で植物遺体の同定が行われ、食用のオニグルミやトチのほかにも、木製品にヒノキアスナ

ロやスギ、籃胎漆器にクマザサが用いられるなど、多様な植物が利用されたことを明らかにした。また花粉分析の結果、上位にトチノキの卓越する層準、下位にハンノキの卓越する層準が確認され、沢根低湿地が湿潤地からより乾燥した土地へ変化したことが指摘されている。

　こうした植生変化は、青森県教育委員会の県道バイパス工事関連調査でさらに明確になる。主要な遺物包含層からトチやクルミが多量に出土し、8個ほどのクルミ種子が1カ所に集中して出土する状況も確認され、縄文時代晩期の人々による堅果類の利用が盛んであったことがわかる（図65）。さらに花粉分析により、ハンノキの繁栄する第Ⅴ層～第Ⅳ層下底期（泥炭層形成期）、ハンノキの急激な減少とトチノキの繁栄する第Ⅳ層期（晩期の遺物包含層に対応）、トチノキの減少とクルミ科の増加する第Ⅲ層期（晩期の主要な遺物包含層に対応）、再びトチノキが急激に増加する第Ⅱ層期と

図65　クルミ殻の出土状況

いった植生の変遷が明らかになっている。相対的にトチノキ・クルミが高い割合を占める第Ⅳ層期から第Ⅲ層期にかけては、低湿地に大規模な捨て場が形成される時期であるが、この頃には乾地化が進んで湿地が縮小し、トチノキなどの落葉広葉樹林を主体とする二次林が広がる環境であったようだ。

昭和50年代は、文部省科学研究費特定研究「古文化財」研究班により亀ヶ岡遺跡とその周辺地域の学際的な古環境復元研究が行われた。沢根低湿地の沢奥で実施されたボーリング調査では、縄文時代晩期に入りトチノキの激減とクリの増加が確認されている。「古文化財」研究班は、青森県立郷土館とも共同研究を行い、郷土館C2区の土層断面から試料を採取して花粉分析を実施している。晩期の遺物包含層から多量の微粒炭とともに二次林や林縁の種実が多く出土したことから、二次林の発達には、亀山丘陵におけるトチノキ林の破壊とクリ林・アカマツ林の拡大が関係していることが古環境学・古植物学者の那須孝悌により指摘されている。この時期にニワトコの種実が多産することも注目すべき変化である。このほか、良好な花粉分析のデータが得られたB2区では、ブナやコナラ、ハンノキが多産するD・E帯、ブナやコナラ、ハンノキに代わってクリ・トチノキの産出が目立ち、草本類が多産するC帯（晩期の層準）、イネ科の多産を特徴とするB帯へと植生が変遷することが明らかになった。D区では年代不明ながら、クリの異常に多産する層準も確認されている。

植物管理の可能性　地点により植生変遷はやや異なるが、総じて縄文時代晩期以前はハンノキ、ブナ、コナラが多産するのに対し、晩期に入ると二次林であるトチノキ、クリ、クルミなどの落葉広葉

樹林が生じ、加えて地点によりニワトコやその他の草本類が多産するようになる。

　縄文時代晩期に生じるこうした変化から、縄文人が二次林化を促進させてトチノキ、クリ、クルミなどの有用植物を管理した可能性が層位学・古生物学者の山野井徹らにより指摘されている。のちに山野井は、縄文時代のすべての地層にわたり産出する微粒炭とゼンマイの胞子に着目し、縄文時代を通じて野焼き・山焼きが継続的に行われたこと、さらには野焼きによる草原化（疎林化）により水辺に近い谷斜面にゼンマイが生育し、縄文人により食料資源として利用された可能性を指摘している。

第6章 | 亀ヶ岡遺跡の変遷

⑴ 亀ヶ岡遺跡の時期区分

　第5章では縄文時代晩期に焦点を当てて、亀ヶ岡遺跡の遺構・遺物の特徴を紹介してきた。亀ヶ岡遺跡はこれまで縄文時代晩期の遺跡として知られ、確かに晩期を主要な時期とする遺跡だが、実際には縄文時代前期末葉から弥生時代前期までの約3千年間、空白期を挟みながらも継続的に利用され続けた遺跡である。丘陵上の墓域と低湿地の捨て場からなる縄文時代晩期の様相は、その前後の時期と比較することでさらに鮮明になる。ここでは、縄文時代前期末葉〜中期初頭、中期中葉、後期初頭〜前葉、後期中葉〜後葉、晩期前葉〜中葉、晩期後葉、晩期末葉〜弥生時代前期の7時期に分けて遺跡の変遷をたどる。

⑵ 時期区分ごとの様相

　第Ⅰ期：縄文時代前期末葉〜中期初頭（図66上）　亀ヶ岡遺跡で最も古い活動の痕跡がこの時期に認められる。近江野沢西側の丘陵で計27基のフラスコ状土坑群が確認されている。フラスコ状土坑は、大きなもので開口部の長径2.3m、深さ1.5mの規模である（図67）。貯蔵物は残存せず不明である。やや離れた丘陵東端部からもほぼ同時期の土器が少量出土している。

　第Ⅱ期：縄文時代中期中葉（図66下）　近江野沢西側の丘陵で竪穴建

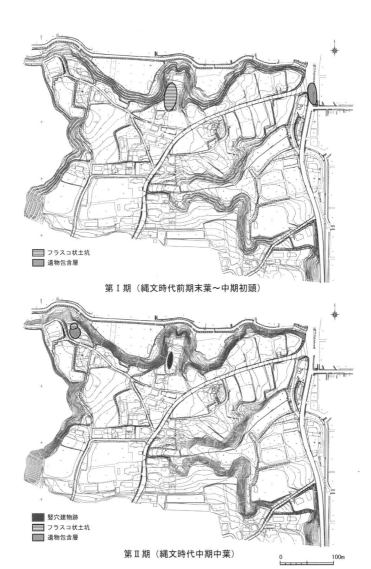

図66 遺構分布①（縄文前期末葉〜中期初頭、中期中葉）

物跡2棟、亀山丘陵北西部でフラスコ状土坑1基と遺物包含層が確認されている（図68）。第Ⅰ期と異なり、居住域と貯蔵域からなる集落が形成されたと考えられる。しかし、この時期の遺構・遺物確認地点がわずかであり、集落を構成する施設配置は不明瞭である。

第Ⅲ期：縄文時代後期初頭〜前葉（図69上）　フラスコ状土坑や土坑・ピット群が亀山丘陵西側の広範囲で確認され、その周辺斜面では同時期の遺物包含層が形成される。第Ⅰ・Ⅱ期に比べ、この時期には遺跡西側の広範囲で土地利用が本格化する。ただし、同時期の竪穴建物跡が未確認のため、集落として機能していたかどうかは不明である。

第Ⅳ期：縄文時代後期中葉〜後葉（図69下）　近江野沢に面する丘陵裾部や亀山丘陵東端部で小規模な遺物包含層が確認されるのみで、同時期の遺構は未確認である。

第Ⅴ期：縄文時代晩期前葉〜中葉（図70上）　第5章で見たとおり、南北の低湿地と亀山丘陵の広範囲で遺構・遺

図67　縄文前期末葉のフラスコ状土坑

図68　縄文中期中葉の竪穴建物跡

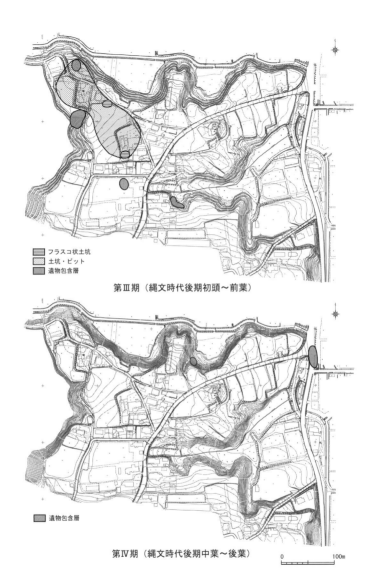

図69 遺構分布②（縄文後期初頭〜前葉・中葉〜後葉）

第6章 亀ヶ岡遺跡の変遷 ─────────── 113

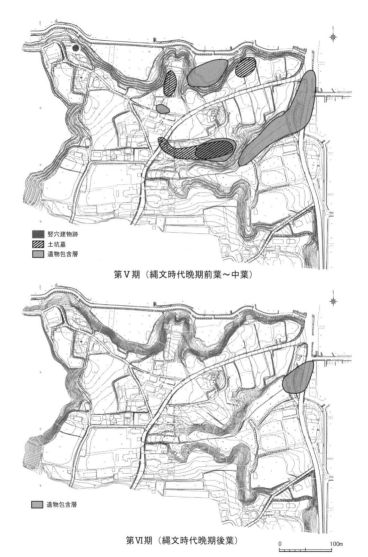

図70 遺構分布③（縄文晩期前葉～中葉・後葉）

物包含層が確認される。特に丘陵の北縁部と南縁部には多数の土坑墓群が確認され、この時期に広範囲の墓域が形成された。同じ時期、丘陵に面した南北の低湿地に遺物包含層が広範囲に広がる。このことから、捨て場の形成と拡大は、墓地の造営と関連があったと推定される。墓域と捨て場が広範囲に形成されるのに対し、同時期の居住域は不明瞭であり、これまでのところ丘陵北西部で竪穴建物跡が1棟確認されるのみである。

第Ⅵ期：縄文時代晩期後葉（図70下）　丘陵縁辺部に広がる墓域が廃絶される時期である。低湿地の遺物包含層も縮小し、沢根の東側でのみ確認される。

第Ⅶ期：縄文時代晩期末葉〜弥生時代前期（図71）　亀山丘陵南縁部で溝跡や土坑が確認され、その周辺と丘陵東端部に遺物包含層が形成

図71　遺構分布④（縄文晩期末葉〜弥生前期）

第6章　亀ヶ岡遺跡の変遷

される。この時期の遺構の広がりはよくわかっていないが、幅1.9m、深さ0.5mほどの断面V字状の溝が造成されることから、第Ⅵ期の墓域廃絶後に丘陵上の土地利用が大きく変化したことがうかがわれる。断面V字状の溝の覆土は縄文時代晩期末葉～弥生時代前期の遺物包含層であり、弥生時代前期頃までに溝の埋積が進んだようである（図72）。

(3) 時期区分からみた変遷のようす

亀ヶ岡遺跡の変遷をたどると、亀山丘陵西部に居住域・貯蔵域・捨て場などが形成される第Ⅰ～Ⅲ期、亀山丘陵東部に墓域、南北の低湿地に捨て場が形成される第Ⅴ期、亀山丘陵東部に溝や土坑が形成される第Ⅶ期の3時期に大きく区分できる。第Ⅳ・Ⅵ期は小規模な遺物包含層のみで様相が不明瞭だが、いずれも低湿地の捨て場が拡大または縮小へと向かう過渡期と捉えられる。第Ⅳ・Ⅵ期の評価はしばらく措くとしても、縄文時代晩期前葉～中葉に相当する第Ⅴ期は、その前後の時期とは土地利用形態が隔絶することが明らかである。

こうした縄文時代晩期の様相や前後する時期との隔絶は、亀ヶ岡遺跡に特有の姿なのだろうか。第2章で触れたように、亀ヶ岡文化圏のなかでも特に北西地域では、墓域を主体とする遺跡が数多く確

図72 縄文晩期末葉頃の溝跡

認されていることから、亀ヶ岡遺跡のような変遷をたどった遺跡がほかにも存在するのではないだろうか。そして亀ヶ岡遺跡の姿は、縄文時代晩期の津軽地域さらには亀ヶ岡文化圏に広く生じた社会変動の一端を示していると捉えることはできないだろうか。次章では、周辺地域の遺跡との比較を通じて亀ヶ岡遺跡の性格をより具体的に評価していくとともに、晩期縄文社会の特徴とその変化について検討していく。

第7章 縄文時代晩期の社会をさぐる

⑴ 津軽地域における共同墓地の形成と社会的ネットワーク

亀ヶ岡文化の地域性 亀ヶ岡文化の遺跡は規模や立地環境などが多様ながらも、製作・使用される精製土器や遮光器土偶などの道具は広域において共通した特徴や変遷を示す。一方で、日常的な煮炊きに用いられる深鉢などの粗製土器の器形や文様には、晩期中葉の大洞 C_2 式期に河川流域・盆地・沿岸部を単位とした地域性が生じることが佐藤広史などにより指摘されている（図73）。亀ヶ岡遺跡の位置する岩木川流域とその周辺地域も、粗製土器の特徴をもとに一地域として区分されているが、共通する粗製土器の分布圏は、当時の社会のどのようなまとまりを反映しているのだろうか。ここでは、岩木川流域と周辺地域の遺跡群をとりあげ、個々の遺跡の性格を把握しつつ、亀ヶ岡文化の地域構造やその中での亀ヶ岡遺跡の位置について考えてみたい（図74）。

そもそも、遺跡とは過去の人々の活動の痕跡であるため、そこで行われた活動の内容に応じ、残される遺物の組み合わせや遺構の種類が変化すると考えられる。現実には、発掘調査されるのは遺跡の一部分であることが一般的であり、調査ごとに対象面積の差も大きいことから、得られたデータにもとづいて遺跡の類似・相違点を論じることには多くの困難が伴う。こうした制約はありながらも、確認された遺構の種類や数量を遺跡ごとに比べることで、縄文時代晩

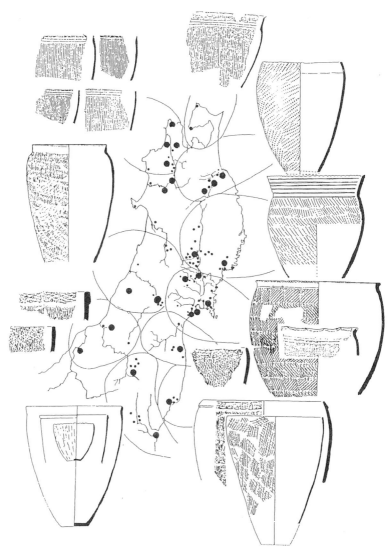

図73 大洞 C_2 式の粗製土器の地域差（林2004より）

第7章 縄文時代晩期の社会をさぐる

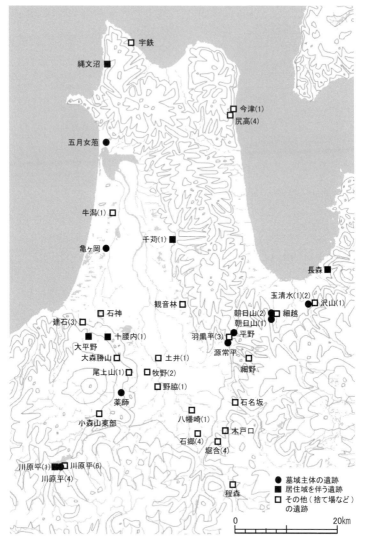

図74　津軽地域の縄文晩期の遺跡

期の津軽地域が、居住地、墓地、捨て場など性格の異なる多様な場から成り立っていることが見えてくる。

目立つ墓域主体の遺跡　縄文時代晩期の岩木川流域とその周辺地域において、他の遺構に比べて墓の数量が突出する遺跡は亀ヶ岡遺跡のほかにもある。五月女萢遺跡で138基、平野遺跡で約90基、源常平遺跡で30基、朝日山(1)遺跡で442基、朝日山(2)遺跡で76基、川原平(4)遺跡で約200基の土坑墓が確認されており、亀ヶ岡遺跡とともに津軽地域の代表的な墓地といえる。五月女萢遺跡では土坑墓の上部にロームマウンドが築かれ、亀ヶ岡遺跡の土坑墓と構造が類似する。墓域を構成する墓の種類は土坑墓に限らず、亀ヶ岡遺跡、五月女萢遺跡、源常平遺跡、川原平(4)遺跡では、死産児用の土器棺墓と考えられる埋設土器も組み合わされる。こうした墓域主体の遺跡は縄文時代後期後葉に出現するが、墓地の造営は晩期前葉から中葉にかけて盛んになり、五月女萢遺跡や川原平(4)遺跡などの限られた遺跡で晩期後葉まで継続する。

　亀ヶ岡遺跡、五月女萢遺跡、源常平遺跡では墓域を主体にしつつも、墓域とは別の場所に捨て場や小規模な居住域などの活動域が形成される。そのほか、墓域のみの平野遺跡、朝日山(1)遺跡、朝日山(2)遺跡でも、隣接する遺跡においてほぼ同時期の捨て場が確認されていることから、縄文時代晩期の津軽地域では墓域と捨て場が組み合わさり、台地や丘陵上に墓域、低地とその付近の傾斜地に捨て場を形成するような土地利用が普及したことがわかる。

　なお、川原平(4)遺跡は、隣接する川原平(1)遺跡とあわせて集落全域が解明された数少ない事例であり、大型の竪穴建物跡を含む居住域、墓域、配石、盛土、捨て場からなる。おもに傾斜地に捨て場

が形成され、台地上に居住域と分離して墓域が形成される。

　このように晩期前葉から中葉の津軽地域では、捨て場を伴う大規模な墓域が、亀ヶ岡遺跡を含む複数の場所で発達することを特徴とする。こうした遺跡の捨て場からは、完形の土器や土製・石製品などの非実用具を含むさまざまな遺物が出土することから、不用となった生活道具の廃棄場でありながら、祭祀・儀礼に伴い非実用具が投棄あるいは埋納された場とも考えられる。当時の社会では、埋葬を特定の場所に限定し、大規模化した墓地やその周辺において葬送儀礼や祭祀を行うことに重きが置かれたのではないか。死は人生の重要な節目に当たり、社会上の地位に大きな転換が生じる場面である。死者の取り扱いに際し、晩期縄文社会の本質的な価値観や世界観が儀礼行為を通じて強く表れたであろう。

　墓地以外の遺跡　墓域主体の遺跡のほかには、①居住域を伴う遺跡、②捨て場を伴う遺跡、③環状列石の構築される遺跡などが確認されている。①の居住域を伴う遺跡は、縄文沼遺跡、千苅(1)遺跡、十腰内(1)遺跡、長森遺跡、川原平(1)遺跡などがある。長森遺跡、川原平(1)遺跡では少数の土坑墓も伴うが、墓域主体の遺跡とは異なり、日常生活の営まれた集落遺跡と考えられる。竪穴建物跡は晩期前葉〜中葉頃のものが多いが、引き続き後葉まで確認される。個々の遺跡で確認された晩期の竪穴建物跡の数は、川原平(1)遺跡の23棟を除けば1〜5棟であり、一集落において同時期に存在した建物は数棟程度が一般的だったようだ。なお、千苅(1)遺跡、十腰内(1)遺跡、川原平(1)遺跡では、直径が8mを超える大型の竪穴建物跡が確認されている。

　②の捨て場を伴う遺跡は、今津(1)遺跡、観音林遺跡、土井(1)

遺跡、八幡崎(1)遺跡、石郷(4)遺跡などである。土井(1)遺跡、八幡崎(1)遺跡、石郷(4)遺跡はいずれも低湿地に形成された縄文時代晩期前半頃の捨て場で、完形の土器が多数出土すること、木製品や籃胎漆器などの漆製品、土偶などの土製品、石刀・石棒などの石製品の出土が特徴である。石郷(4)遺跡では完形の土器がまとまって出土し、亀ヶ岡遺跡の低湿地における出土状況に似ている。

③の環状列石は大森勝山遺跡があり、晩期初頭から前半期にかけて整地と列石の構築が行われた。環状列石は南北約49m、東西約39mの規模である。墓域は伴わないが、周辺に捨て場、石囲炉、埋設土器が確認されている。さらに、環状列石から100m離れた位置に直径13.5mの大型の竪穴建物跡が1棟確認されている。

①〜③のほかにも少量の遺物が出土する遺跡があり、集落の居住民が一時的あるいは季節的に利用するキャンプ地などの役割が考えられる。

地域社会で営まれた共同墓地　津軽地域の縄文時代の遺跡数は、後期をピークとして弥生時代にかけて減少傾向が続く。遺跡数のみならず竪穴建物跡の数も減少傾向にあり、人口減少が進んだ可能性も考古学者の関根達人などにより指摘されている。遺跡ごとにみても、多くの集落では竪穴建物が数棟程度であり、人が集住する拠点集落も川原平(1)遺跡を除けば明確ではない。こうした社会にあって、多数の土坑墓が密集して累積するような大規模な墓地は、一集落により営まれたものではなく、周辺の複数の集落により数百年間にわたって維持された共同墓地と解釈できる。そして、亀ヶ岡遺跡をはじめとする墓域主体の遺跡の多くは捨て場を伴うことから、葬送儀礼や祭祀も共同で行われ、墓地と祭祀場が一体的に機能してい

たと考えられる。

　津軽地域に複数箇所ある共同墓地が、その周辺地域に分散する集落の居住民により造営され、維持され続けたとすれば、こうした集落に相当するのは、上記の遺跡区分でいう①の居住域を伴う遺跡であり、②の捨て場を伴う遺跡にも、その遺物量の多さからすれば、本来は集落の一部と考えられるものがある。津軽地域の集落の広がりは低地の自然堤防上にも及んでおり、台地・丘陵地の集落に加え、低地に新たに進出した集団も共同墓地に関与したであろう。

　岩木川流域のネットワーク　晩期前葉～中葉頃の墓域主体の遺跡や環状列石の位置に注目すると、それらは岩木川の上流域から下流域にかけて点在することがわかる。大規模な共同墓地である五月女萢遺跡と亀ヶ岡遺跡は直線距離で約20 km、亀ヶ岡遺跡と平野遺跡は直線距離で約30 km離れている。遺構の内容は異なるが、祭祀場的な性格を有する大森勝山遺跡を組み入れると、亀ヶ岡遺跡と大森勝山遺跡の直線距離は約20 km、大森勝山遺跡と川原平(4)遺跡の直線距離は約22 km、大森勝山遺跡と平野遺跡の直線距離は約23 kmである。このように、日常生活の場である集落遺跡とは性格の異なる遺跡が一定の距離を置いて分布することは、その遺跡に関わる集落の広がりを反映しているようで興味深い。仮説ではあるが、岩木川流域の大規模な共同墓地や環状列石は、そこから半径10～15 km程度の範囲に散在する集落の居住民により営まれたのではないだろうか。亀ヶ岡遺跡では近隣の集落の様相は不明だが、遠くは牛潟(1)遺跡や石神遺跡の居住民が、共同墓地の造営や葬送儀礼にたずさわった可能性を考えたい。

　東北各地の遺跡分布の研究によれば、縄文時代晩期の拠点集落が

日常的な資源獲得のために必要とする領域は半径3〜4km程度と見積もられている。岩木川流域では拠点的な集落が必ずしも明確ではないが、大型を含む複数の竪穴建物跡が確認された千苅(1)遺跡と十腰内(1)遺跡、多量の遺物が出土し集落遺跡と考えられる観音林遺跡の3遺跡の距離を参考にすれば、半径5〜8km程度の領域が推定される。したがって、岩木川流域に点在する共同墓地や環状列石に関与した人々は、日常的な活動領域を超えて集まっていた可能性がある。同じ共同墓地や環状列石の造営にたずさわった人々の間には、領域が異なっても何らかのつながりがあったと考えられ、具体的には血縁や地縁などによる関係性が結ばれていたのではないか。墓域や捨て場における葬送儀礼や祭祀は、血縁・地縁関係者の間に一体感を生み、その紐帯を再確認することで、結果的に社会を安定化させる役割も担っただろう。

⑵　亀ヶ岡文化圏における交流

墓域主体の遺跡の広がり　岩木川流域では大規模な墓域と捨て場からなる遺跡が複数存在し、周辺の集落群が営む共同墓地と捉えたが、それ以外の地域ではどのような状況なのだろうか。亀ヶ岡遺跡と同じく、縄文時代晩期前葉〜中葉頃に大規模な墓域を形成する遺跡は、亀ヶ岡文化圏の北西部に広域に広がり、岩木川流域のほかにも北海道渡島半島の沿岸部、秋田県の米代川・雄物川流域に多数確認されている（図75）。土坑墓や土器棺墓が集まり、場合によっては配石遺構が伴い墓域を形成する、さらには土坑墓上に墓標のような構造物を伴うといった特徴だけではなく、副葬品の内容にもある程度の類似性が認められる。赤色顔料の撒布のほか、石鏃、石錐、

勾玉や平玉などの玉類、サメの歯の装身具、石剣・石刀、土製耳飾り、円盤状土製品、籃胎漆器などの副葬が広範囲で確認されている。

埋葬法だけでなく、墓域周辺あるいは墓域内における実用・非実用具の大量廃棄も広く共通して認められる。近年では、亀ヶ岡遺跡のように墓域とともに捨て場がセットで確認される事例が増え、川原平(1)・(4)遺跡、向様田D遺跡、戸平川遺跡では、多数の土器・石器とともに、大型の遮光器土偶や小型のX字形土偶などの土製品、石剣・石刀・岩版などの石製品、籃胎漆器や漆塗り櫛などの植物製品が捨て場や盛土から出土する。

この時期には亀ヶ岡遺跡をはじめとする多くの遺跡で土面が出土し、その特徴から3つの類型に分けられる。遮光器状の眼部をもつ「遮光器型土面」(口絵7頁上)は日本海側の岩木川・米代川・雄物

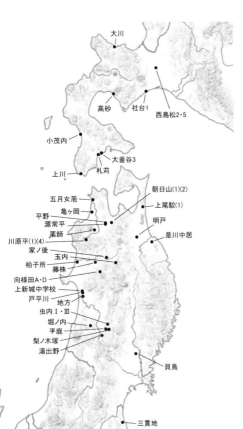

図75 墓域を主体とする縄文晩期の遺跡

川流域と太平洋側の馬淵川流域・北上川中流域という広い地域に分布するのに対し、「鼻曲がり土面」は馬淵川流域・北上川上流域、眉や目を突帯で表現し、頬に垂下線の加わる土面は北上川中流域というより限られた地域に分布することが宗教学・考古学者の磯前順一などにより指摘されている。五月女萢遺跡、亀ヶ岡遺跡、羽黒平(3)遺跡（平野遺跡に隣接）、戸平川遺跡、地方遺跡ではいずれも、大規模な墓域やそれに隣接する捨て場から「遮光器型土面」が出土している。集団埋葬や道具の大量廃棄に加えて、特定型式の土面を用いた祭祀・儀礼行為が日本海側の広域で繰り返され、ある程度定型化していたことをうかがわせる。

産地推定研究が示す広域交流　離れた場所で同じような行動様式が生じる背景には、人の移動、さらには物や情報の交換があったと考えられる。こうした相互交流を具体的に議論できるデータが、ヒスイ、黒曜石、アスファルト、朱など産地の限定される資源やそれを加工した遺物の分布である。新潟県糸魚川産のヒスイを加工した玉類は、装身具や副葬品として晩期の多くの墓地で出土する。これは、亀ヶ岡文化圏より南方の地域から、交易拠点を通じて希少な財が持ち込まれる事例である。

　一方で、亀ヶ岡遺跡や川原平(1)遺跡など津軽地域の遺跡では、北海道の赤井川産、さらにはより遠方の白滝産・置戸産・上士幌産などの黒曜石を加工した石器が出土することが蛍光 X 線分析により判明している。亀ヶ岡文化圏の北縁部、さらにはより北方地域から、交易拠点を通じて生活資源が持ち込まれる事例である。

　黒曜石の原産地は東北地方の日本海側にもあり、岩木山系（出来島産を含む）、深浦産、男鹿産、月山産など複数箇所が確認されて

いる。この地域の黒曜石は、北海道産ほどではないが、亀ヶ岡文化圏のおもに日本海側地域で広範囲に移動している。亀ヶ岡遺跡に近い岩木山系の黒曜石を例にあげれば、津軽地域はもとより、少数ながら青森県南部地域、渡島半島沿岸部、米代川・雄物川流域でも出土する（図76）。

このほか、日本海側に原産地がなく、北上山地などの太平洋側から搬入されたと考えられる遺物には、粘板岩製の石刀や石棒などがある。太平洋側地域との緩やかな交流もあったようだ。

ヒスイや北海道産黒曜石の分布は、亀ヶ岡文化圏の内外にまたがる長距離交易ネットワークの存在を示しており、岩木山系の黒曜石もこうしたネットワークに乗って道南の沿岸部から青森・秋田県域にかけて広がったのであろう。

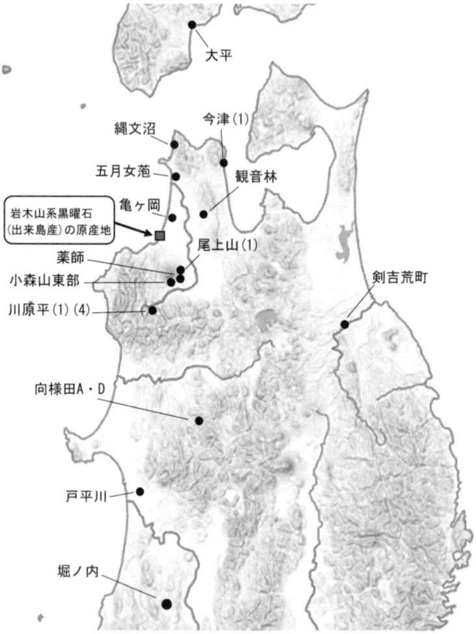

広域交流を支える希少な財　大規模な墓地の造営や葬送・祭祀儀礼を共有する広がり、あるいは岩木山系黒曜石の分布は、粗製土器にみられる地域性を超えた広域の交流圏を示すものであろう。こうした交流圏は、岩木川流

図76　岩木山系黒曜石の出土した縄文晩期の遺跡

域の共同墓地や環状列石の造営にみられるような血縁・地縁関係を基盤とする地域社会を超えた広がりを持ち、体面による集団どうしの直接的な関係構築は困難である。血縁・地縁関係を超えて広域の集団間をつないだのは、大型の遮光器土偶、土面、漆塗りの精製土器、石刀・石剣、籃胎漆器などの希少価値を有する製品の存在とその交換・流通ではなかったか。こうした製品は、いわば集団関係の象徴的存在として、ほかの物資とともに集団間を移動しながら利用され続け、一部は埋葬の際に副葬され、一部は葬送儀礼・祭祀に伴って捨て場に投棄あるいは埋納されたと考えたい。

　西日本や北海道東部など亀ヶ岡文化圏外の地域では、まれに亀ヶ岡式の精製土器や遮光器土偶の破片が出土することから、こうした希少価値を有する製品自体やそれに関わる情報は、亀ヶ岡文化圏を超えて移動していることがわかる。希少な財の移動は亀ヶ岡文化圏内でも同様にあったと考えてよいが、すでに紹介した土面の地域性のように、財の種類や型式ごとに分布の範囲は異なることから、晩期前葉～中葉頃の亀ヶ岡文化圏内には重なり合う大小さまざまな交流圏があったと考えられる。道南から青森・秋田県域にかけての地域は、そうした交流圏の一つであろう。

　共同墓地の終焉と社会の変化　分散する集落が各地で共同墓地を造営し、それに伴い葬送儀礼や祭祀を共同して行うことで交流を活発化して社会関係を秩序立てる仕組みは、晩期後葉頃には広域で終わりを迎えるようだ。北海道南部から秋田県南にかけての多くの共同墓地は、晩期後葉以降に規模が縮小し廃絶に向かう（表3）。代わって、晩期中葉から後葉にかけて新たな形態の集落が現れる。雄物川流域では、晩期後葉に入ると大規模な溝（木柵列）に区画され

第7章　縄文時代晩期の社会をさぐる ―――――――――――― 129

表3 縄文晩期の墓域の存続期間

遺跡名	遺構種別	検出数	土坑墓の上部構造
社台1遺跡	土坑墓	72	砂利ブロック、ロームブロック
高砂遺跡	土坑墓	30	配石
小茂内遺跡	土坑墓	28	配石
上川遺跡	土坑墓	26	砂利や土器片を用いたマウンド
札苅遺跡	土坑墓	60	砂利ブロック、ローム質粘土ブロック
大釜谷3遺跡	土坑墓	38	玉砂利層、小礫混じりローム層
五月女萢遺跡	土坑墓	138	マウンド、立石
	埋設土器	6	—
亀ヶ岡遺跡	土坑墓	110	ロームマウンド、立石？
	埋設土器	1	—
薬師遺跡	土坑墓	27	—
	埋設土器	4	—
川原平（1）遺跡	土坑墓	9	配石
	埋設土器	41	—
川原平（4）遺跡	土坑墓	約200	—
	埋設土器	22	—
平野遺跡	土坑墓	95	—
源常平遺跡	土坑墓	30	配石？
	埋設土器	2	—
朝日山（1）遺跡	土坑墓	442	—
朝日山（2）遺跡	土坑墓	76	—
玉清水（1）・（2）遺跡	土坑墓	11	配石
明戸遺跡	土坑墓	19	—
上尾駮（1）遺跡	土坑墓	21	—
	埋設土器	1	—
是川中居遺跡	土坑墓	120以上	ロームマウンド
	埋設土器	2	—
柏子所貝塚	土坑墓	7	—
藤株遺跡	土坑墓	49	—
向様田A遺跡	土坑墓	71	配石
	埋設土器	2	—
向様田D遺跡	土坑墓	3	配石、小規模盛土
	埋設土器	1	—
家ノ後遺跡	土坑墓	44	—
玉内遺跡	土坑墓	17	配石
	埋設土器	7	—

縄文後期		縄文晚期						弥生前期	竪穴建物跡の検出数
		前葉		中葉		後葉			
中葉	後葉	B式期	BC式期	C_1式期	C_2式期	A式期	A′式期		
									1
									—
									—
									—
									2
									—
									1
	晚期（詳細時期不明）								1
									23
									4
									—
									4
									—
									—
									7
									—
									6
									—
									—
									2
									—

遺跡名	遺構種別	検出数	土坑墓の上部構造
戸平川遺跡	土坑墓	72	周辺に小ピット
地方遺跡	土坑墓	559	—
	埋設土器	1	
上新城中学校遺跡	土坑墓	143	—
狸崎A遺跡	土坑墓	28	配石、土器配置
虫内Ⅰ遺跡	土坑墓	171	配石、盛土
	埋設土器	153	—
虫内Ⅲ遺跡	土坑墓	60	立石
	埋設土器	33	
平鹿遺跡	土坑墓	127	配石
	埋設土器	30	
梨ノ木塚遺跡	土坑墓	49	立石、配石
	埋設土器	54	
湯出野遺跡	土坑墓	103	配石
	埋設土器	8	
堀ノ内遺跡	土坑墓	140〜300程度	配石
	埋設土器	75	—

た集落が新たに出現し、その外側に墓域が営まれるようになる。さらには大型の竪穴建物が新たに成立し、居住規模が大きくなることを考古学者の根岸洋が指摘している。そして渡島半島から津軽地域では、晩期中葉から後葉にかけて、地域色の強い土器型式である聖山式が広がる。いずれも亀ヶ岡文化圏の北西地域で新たに生じた局地的な変化であり、亀ヶ岡遺跡も共同墓地としての役割を終える頃には聖山式文化圏の一部となり、その後、丘陵縁辺部に大規模な溝が造成されるなど土地利用が大きく変化する。

　墓地の在り方や集落形態、さらには集団間の相互交流を支えた社会関係が晩期中葉から後葉にかけて変動する要因は、ここで論じきれない問題であるが、東北地方のこの時期は西日本における弥生文

縄文後期		縄文晚期						弥生前期	竪穴建物跡の検出数
中葉	後葉	前葉		中葉		後葉			
		B式期	BC式期	C_1式期	C_2式期	A式期	A′式期		
									—
									2
									3
									7
									—
									—
									—
	晚期（詳細時期不明）								—
									—
									—
									—

化の開始期に当たる。弥生時代の幕開けを告げる遠賀川式土器やその影響を受けた土器が北部九州から伊勢湾付近まで急速に広がるとともに、晩期後葉の大洞A式期には、亀ヶ岡式土器が前半期以来再び西日本各地で出土するようになり、東海・中部・北陸地方を仲介にして東西日本の交流や影響関係が強まる。この時期は気候変動期でもあり、紀元前850〜700年には太陽活動の停滞期と重なり寒冷化が進んだ。共同墓地や環状列石が周辺地域の集団間を結びつける役割を失い、代わって列島規模の東西交流のもとに、集落形態や社会関係構築の仕組みに新たな展開が生じるのである。

第8章 | 残された課題

(1) 低湿地の土地利用

　これまで、亀ヶ岡遺跡の低湿地は不用物の廃棄場であり、葬送・祭祀儀礼とも関連して捨て場が形成されたとの立場をとってきた。ただし、玉製作関連遺物が低湿地とその東側からまとまって出土することからも、実態は多様な活動の場であった可能性がある。慶應義塾大学の調査では沢根Bトレンチで杭の埋設を確認しており、低湿地に木材を組み合わせた施設が構築されたかどうか、あるいは低湿地周辺の土地利用がどのようであったかについて、今後の調査を通じてさらなる検討が必要である。

(2) 低湿地と丘陵地の関連性

　低湿地と丘陵上の関係性をより具体的に論じるためには、その間に広がる傾斜地の内容解明が重要である。近年の削平や盛土などの影響により、過去の調査では良好な成果が得られていないが、同時期の他の遺跡では傾斜地に墓域あるいは捨て場が確認される事例もあり、亀ヶ岡遺跡においても傾斜地の利用状況を確認していくことが課題である。

　丘陵上の活動が低湿地に及ぼした影響についても検討が必要であろう。青森県立郷土館の沢根調査区では、縄文時代晩期の主要な遺物包含層の上位に堆積する土層には花粉・胞子がほとんど含まれな

いこと、微小で摩耗した遺物が多く含まれることから、「古文化財」研究班は、主要な遺物包含層の上位の土層が再堆積層であると判断し、この再堆積層は丘陵縁辺部の植生破壊によって表土が流出したことに起因すると考えた。この推定が正しければ、縄文時代晩期後葉以降に植生破壊と土砂の流出が進んだことになるが、その要因はおそらく人為的なものであろう。晩期前葉〜中葉頃には丘陵上や傾斜地にクリ・トチノキ林などが広がっていたと考えられるが、墓域の拡大に伴い丘陵縁辺部の樹木の伐採が進み、表土が流出したのだろうか。あるいは墓域としての利用が終わりを迎え、新たな土地利用に伴う掘削や整地が行われて排土が低地に投棄された結果なのだろうか。亀ヶ岡遺跡での活動や環境の変遷をより詳細に知るためにも、低湿地と丘陵地の関連性は引き続き重要な検討課題である。

(3) 墓域の広がりと形成過程

　傾斜地同様、丘陵上においても墓域の広がりをさらに追求していく必要がある。主要な墓域の広がりは3カ所だけなのか、あるいは丘陵中央部などの未調査区域にも墓域が広がるのか。五月女萢遺跡では墓域が環状に広がることが確認されているが、亀ヶ岡遺跡ではその可能性はないか、今後の調査を通じて検討すべき課題である。

　3カ所の主要な墓域が同時期に営まれたのか、あるいは墓域ごと、土坑墓の小群ごとに若干の時期差があるのか検討していくことも重要である。青森県立郷土館の調査結果は、墓域を構成する土坑墓の小群が土器型式単位の年代差を有することを明らかにしたが、数基程度の土坑墓のまとまりが次第に累積して墓域の規模が拡大し

ていったとすれば、土器一型式ごとの土坑墓の数は遺跡全体でどれくらいになるだろうか。こうした問題意識は、墓地を共同で営んだ集落群の広がりを検討するためにも有効であろう。

(4) 居住域の有無

これまでの調査により、亀ヶ岡遺跡で確認された竪穴建物跡は1棟のみである。亀山丘陵北西部を継続調査しつつ、居住域に関わる情報を収集していくことが重要である。また、墓域と居住域の間に、掘立柱建物跡と考えられる方形に並んだピット群が確認される遺跡もある。亀山丘陵西側において、こうした痕跡にも注意を払っていく必要がある。

(5) 弥生文化の受容

墓域廃絶後の縄文時代晩期末葉から弥生時代前期にかけて、丘陵南部において用途不明の溝跡や土坑が確認されている。溝跡は一部が確認されただけであり、続きがどのように延びていくかを追跡する調査が望まれる。

遺物については、東日本の弥生文化の受容を議論する際にたびたびとりあげられた炭化米とガラス玉が重要である。

青森県立郷土館の沢根B区から出土した炭化米と籾殻は、付近から出土した土器の年代を根拠として晩期後葉の大洞A式期の遺物と報告された。近年の弘前大学による炭化米の年代測定の結果、879±20yrBPの年代値が得られ、古代〜中世の資料であることが判明した。しかし、これ以外にも「古文化財」研究班が実施した沢根低湿地のボーリング調査により、縄文時代晩期の相当層から土器

片、剝片、漆膜、小骨片、魚鱗、貝殻片、炭片などとともに炭化した籾殻の破片が出土している。低湿地の調査が行われる際には、微細遺物の回収に努めてコメの導入時期を慎重に見極めていく必要がある。

　ガラス玉の年代が弥生時代に下る可能性についてはすでに紹介したが、縄文時代晩期後葉は亀ヶ岡文化が西日本の弥生文化と交流を深める時期である。ガラス玉の年代については今後も検討が重ねられると思われるが、晩期後葉に成立する汎列島的な広域交流圏における亀ヶ岡遺跡の位置づけについても検討がのぞまれる。

第9章 | 整備・活用の取り組み

⑴ 保存管理体制の構築

1944（昭和19）年の史跡指定後も亀ヶ岡遺跡では宅地化や農地化が進み、平成に入り水道管敷設計画も生じるなど、遺跡の保存管理は長年懸案とされてきた。管理団体に指定された館岡村以後、昭和・平成の大合併を経て新たに誕生したつがる市では、保存管理の方針を定め、体制を構築することを目的として2009（平成21）年に「史跡亀ヶ岡石器時代遺跡・田小屋野貝塚保存管理計画」を策定した。史跡指定の際は、絵図面をもとに指定範囲が示されたことから、指定地を新たに地籍図に当てはめ、その範囲を明示することで地域住民への周知を図ってきた。また、指定地の西側隣接地に広がる丘陵上にも遺跡の広がりが予想されたことから、2013〜2017（平成25〜29）年に史跡内外の発掘調査を実施している。調査の結果、史跡の西側隣接地にも縄文時代前期から晩期にかけての遺構・遺物の広がりが確認され、2020（令和2）年には追加指定を受けている。

⑵ 整備・活用に向けて

追加指定により、保護すべき範囲と整備・活用すべき対象が明確になったことから、2021（令和3）年に「史跡亀ヶ岡石器時代遺跡・田小屋野貝塚保存活用計画」を策定している。ここでは保存管

理計画策定後の調査研究の進展をふまえて史跡の本質的価値を見直し、現状と課題を整理したうえで整備・活用の基本方針を定めている。亀ヶ岡遺跡の北隣には、同じく1944（昭和19）年に史跡指定を受けた田小屋野貝塚がある。田小屋野貝塚は縄文時代前期中葉から中期末葉にかけての集落遺跡であり、竪穴建物の廃絶後の窪地などに形成された前期中葉頃の地点貝塚を伴う。貝塚を伴う集落遺跡は日本海側では希少であり、ベンケイガイ製の貝輪未成品やクジラ骨製へらなどの骨角器も多数出土している。田小屋野貝塚と亀ヶ岡遺跡という時期や性格の異なる２つの史跡を組み合わせることで、屏風山地域の縄文文化の長期的変遷や縄文海進・海退などの環境変化に対する縄文社会の適応の姿をよりよく理解することができるため、つがる市では保存管理計画策定以来、亀ヶ岡遺跡と田小屋野貝塚をつなぐ一体的整備を目指して取り組みを進めている。史跡指定範囲は亀ヶ岡遺跡が約10 ha、田小屋野貝塚が約６ haであり、その周辺の景観保全区域をも対象とした整備基本計画を2024（令和６）年に策定している。

　両史跡の今後の保存管理と活用・整備を進めるうえで重要となる新たな価値づけが、世界文化遺産「北海道・北東北の縄文遺跡群」である。17の構成資産からなり、田小屋野貝塚が定住の発展期前半（ステージⅡa：集落施設の多様化）、亀ヶ岡遺跡が定住の成熟期後半（ステージⅢb：祭祀場と墓地の分離）に位置づけられている。長年の取り組みが実を結び、「北海道・北東北の縄文遺跡群」は2021（令和３）年７月に世界文化遺産に登録されたが、その保存活用のより一層の推進のため、関係自治体は現在も取り組みを進めている。世界遺産登録を受けて亀ヶ岡遺跡と田小屋野貝塚の来訪者数も

近年増加し、つがる市では暫定的な整備により来訪者を受け入れるための態勢づくりを徐々に進めているところである。近年では、史跡地に簡易説明板や遺構の実寸大パネルを設置するとともに、史跡隣接地に縄文遺跡案内所・しゃこちゃんショップと駐車場を整備している。縄文遺跡案内所にはボランティアガイド「つがる縄文遺跡案内人」が常駐し、多くの来訪者に遺跡の価値や魅力を伝えるために日々活動に取り組んでいる。

　史跡のガイダンス施設として、市内には木造亀ヶ岡考古資料室と縄文住居展示資料館カルコがある。木造亀ヶ岡考古資料室には、史跡周辺地域の住民が所有する亀ヶ岡遺跡出土の土器、石器、土偶、玉、骨角器、籃胎漆器など約1,300点を展示している。本書でも紹介した亀ヶ岡文化の工芸美を、多数の展示資料から感じ取っていただけると思う。縄文住居展示資料館カルコは2023（令和5）年にリニューアルオープンし、亀ヶ岡遺跡と田小屋野貝塚の展示コーナーのほか、通史展示コーナーを新たに設け、市内の歴史の総合ガイダンスの役割も担っている。ミュージアムショップも併設され、当館ならではのオリジナルグッズも販売している。

　上記の2つの施設のほかにも市内には森田歴史民俗資料館があり、円筒土器文化期の代表的遺跡である石神遺跡から出土した土器、石器、土偶、装身具などを多数展示している。そのうち219点は重要文化財に指定され、市内小・中学校の校外学習などで活用されている。

　3施設はいずれも昭和50～60年代に開館し、施設の老朽化も進んでいるが、縄文住居展示資料館カルコのリニューアルのように、時代の要請に応える施設運営を心掛けていきたい。今後、史跡近くに

新たなガイダンス施設を建設する予定であり、史跡整備とあわせて
亀ヶ岡遺跡の情報・魅力発信に取り組んでいく。

附表　亀ヶ岡遺跡関係年表

西暦	年号	亀ヶ岡遺跡関係のできごと	備考
1615	元和元		一国一城令、武家諸法度の発布
1623	元和９	亀ヶ岡城の築城中止 『永禄日記』館野越本に亀ヶ岡から土器発見の記事(18世紀末に加筆の疑いあり)	徳川家光が第三代征夷大将軍となる
1751	宝暦元		物産会が各地で開催されだす
1773	安永２		木内石亭が『雲根志』前編を著す(後編1779、三編1801)
1783	天明３	亀ヶ岡での遺物発見に関する諸説が比良野貞彦により箱書きされる	天明大飢饉、津軽領死者多数
1788〜1789	天明８〜寛政元	比良野貞彦が『奥民図彙』を著し、亀ヶ岡の土器を「亀岳陶器」として紹介	
1796	寛政８	菅江真澄が亀ヶ岡を訪れ、後に『外浜奇勝』『追柯呂能通度』に遺跡や出土遺物のことを記録	
1814	文化11	大槻玄沢が『伊波比倍考諡』を著し、亀ヶ岡の土器について考察	
1824〜1825	文政７〜８	江戸で「耽奇会」が開催され、亀ヶ岡の土器・土偶が出品	
1829	文政12	冢田虎が『随意録』を著し、亀ヶ岡から多くの遺物が出土することを記録	
1844	弘化元	松浦武四郎が亀ヶ岡を訪れ、後に『東奥沿海日誌』に亀ヶ岡より土器が出土することを記録	
1877	明治10		E. S. モースによる大森貝塚発掘。西南戦争
1884	明治17	蓑虫山人による第１回発掘	坪井正五郎らにより「じんるいがくのとも」が発足
1887	明治20	蓑虫山人による第２回発掘（近江野沢か)。沢根から遮光器土偶が発見、佐藤蔀による石版画と神田孝平による解説が『東京人類学会雑誌』に掲載	神田孝平が東京人類学会の初代会長となる。「コロボックル・アイヌ論争」の開始
1889	明治22	坪井正五郎がイギリスに留学。「ロンドン通信」にて、遮光器土偶の眼部表現を遮光器とする説を発表。若林勝邦による発掘調査（亀山)	大日本帝国憲法発布
1892頃	明治25頃	宣教師のフォリー神父が蒐集した土器がフランスへ送られ、後にギメ博物館に納入	坪井正五郎が帰国し、理科大学教授になる。坪井による西ヶ原貝塚発掘
1893	明治26		八木荘三郎・下村三四吉による椎塚貝塚発掘
1894	明治27		八木荘三郎・下村三四吉による阿玉台貝塚発掘。日清戦争
1895	明治28	佐藤傅蔵による第１回発掘調査（亀山・沢根)。泥炭層から遺物出土	坪井正五郎が人類学会会長となる。三国干渉

西暦	年号	亀ヶ岡遺跡関係のできごと	備考
1896	明治29	佐藤傳蔵による第2回発掘調査（近江野沢）。大規模な遺物包含層を確認	明治三陸地震による大津波
1917	大正6	柴田常恵による踏査、沢根付近で写真撮影	
1923	大正12	中谷治宇二郎による発掘調査（沢根）	関東大震災
1928	昭和3	杉山寿栄男『日本原始工芸』に亀ヶ岡出土遺物が多数掲載	是川遺跡の南低湿地の発掘で植物製遺物出土。普通選挙実施
1934	昭和9	小岩井兼輝による発掘・地質調査（沢根・近江野沢・亀山）。館岡村より史跡指定を申請し、仮指定を受ける	
1935	昭和10	中谷治宇二郎が『日本先史學序史』を著し、『永禄日記』の亀ヶ岡に関する記事を紹介	
1936	昭和11	ミネルヴァ論争	二・二六事件
1937	昭和12	山内清男「縄紋土器型式の細別と大別」による「亀ヶ岡式」の設定	日中戦争
1940	昭和15	吉田格による発掘調査（沢根）	日独伊三国同盟の成立、大政翼賛会
1941	昭和16	亀ヶ岡遺跡から出土した植物製遺物の報告	ハワイ真珠湾攻撃、太平洋戦争
1944	昭和19	田小屋野貝塚とともに史跡指定を受ける	サイパン島陥落、本土爆撃本格化
1945	昭和20		東京大空襲、広島・長崎に原爆投下、ポツダム宣言受諾
1950	昭和25	慶應義塾大学による発掘調査（沢根・近江野沢）	文化財保護法制定
1957	昭和32	遮光器土偶が重要文化財に指定	
1959	昭和34	亀ヶ岡考古館が開館	
1973	昭和48	青森県教育委員会による発掘調査（丘陵東側低地）。ガラス玉出土	石油危機
1976～1979	昭和51～54	「古文化財」研究班による古環境調査（沢根・近江野沢と遺跡東側）	
1980～1982	昭和55～57	青森県立郷土館による発掘調査（沢根・近江野沢・亀山）。丘陵南縁部で土坑墓群を検出	
1981～1982	昭和56～57	「古文化財」研究班による古環境調査（沢根・近江野沢）	
2008～2010	平成20～22	つがる市教育委員会による試掘調査（亀山）。縄文晩期の竪穴建物跡を検出	
2011	平成23	弘前大学による古環境調査（沢根・近江野沢）	東日本大震災
2013～2017	平成25～29	つがる市教育委員会による史跡内外の内容確認調査（亀山・史跡南隣）。丘陵北縁部で土坑墓群を検出	
2020	令和2	史跡の追加指定を受ける	新型コロナウィルス感染症
2021	令和3	つがる市教育委員会による内容確認調査（亀山）。丘陵南縁部で土坑墓群を検出。「北海道・北東北の縄文遺跡群」が世界文化遺産に登録	
2022	令和4	つがる市教育委員会による古環境調査（沢根・近江野沢）	

参考文献

青森県教育委員会 1974『亀ヶ岡遺跡発掘調査報告書』青森県埋蔵文化財調
　　査報告書第14集

青森県立郷土館 1984『亀ヶ岡石器時代遺跡』青森県立郷土館調査報告第17
　　集・考古-6

赤坂朋美ほか 2008「亀ヶ岡文化の土偶（附、仮面）の紹介」『亀ヶ岡文化雑
　　考集』弘前大学人文学部附属亀ヶ岡文化研究センター

安昭炫ほか 2008「青森県，津軽西海岸における旧期クロスナ層とトチノキ
　　林の形成」『環境文化史研究』第1号

磯前順一 1994『土偶と仮面―縄文社会の宗教構造』校倉書房

市原壽文ほか 1980「縄文後期・晩期の低湿性遺跡と環境復元」『自然科学の
　　手法による遺跡・古文化財等の研究』文部省科学研究費特定研究「自然
　　科学の手法による遺跡・古文化財等の研究」

市原壽文ほか 1983「津軽七里長浜の縄文時代遺物包含層について」『考古学
　　研究』第29巻第4号

市原壽文ほか 1984「縄文後・晩期における低湿性遺跡の特殊性に関する研
　　究」『古文化財の自然科学的研究』同朋舎出版

大高　興 1974「亀ヶ岡遺跡出土の土器及び遺跡周辺粘土の理学的研究」『北
　　奥古代文化』第6号

大野雲外 1900「石器時代土製仮面」『東京人類学会雑誌』第16巻第177号

金子浩昌・忍沢成視 1986『骨角器の研究　縄文篇Ⅱ』慶友社

金子浩昌・鈴木克彦 1983「風韻堂コレクションの骨角器及び自然遺物
　　（獣・魚・鳥骨、貝類等）」『青森県立郷土館調査研究年報』第8号

神田孝平 1887「古土器図解（巻末石版図ヲ見ヨ）」『東京人類学会報告』第
　　2巻第17号

淡厓（神田孝平）1887「瓶ヶ岡土偶図解（前号巻末ノ図ヲ見ヨ）」『東京人類
　　学会雑誌』第3巻第22号

喜田貞吉 1934「奥羽地方石器時代実年代の下限―宋銭発掘の確実なる亀岡
　　式土器遺蹟調査報告―」『歴史地理』第63巻第1号

小岩直人 2019「遺跡周辺の地理的環境」『史跡亀ヶ岡石器時代遺跡総括報告

書』つがる市遺跡調査報告11

小岩井兼輝 1934「亀ヶ岡新石器時代遺跡と過去水準の変化に就て」『日本学術協会報告』第9巻第2号

甲野　勇 1935「植物性遺物を出す遺跡」『ドルメン　特輯日本石器時代』6月特輯増大号

小金井良精 1889「北海道石器時代ノ遺跡ニ就テ（前回ノ続)」『東京人類学会雑誌』第5巻第45号

小林謙一 2017『縄紋時代の実年代—土器型式編年と炭素14年代—』同成社

佐藤公知 1954「亀ヶ岡について」『西津軽郡史』西津軽郡史編集委員会

佐藤公知 1956『亀ガ岡文化』亀ガ岡遺跡顕彰保存会

佐藤　蔀 1887「瓦偶人之図（第十九版)」『東京人類学会雑誌』第3巻第21号

佐藤傳蔵 1896 a「陸奥亀ヶ岡発掘報告」『東京人類学会雑誌』第11巻第118号

佐藤傳蔵 1896 b「陸奥国亀ヶ岡第二回発掘報告」『東京人類学会雑誌』第11巻第124号

佐藤傳蔵 1896 c「陸奥国亀ヶ岡第二回発掘報告（前号の続)」『東京人類学会雑誌』第11巻第125号

佐藤傳蔵 1896 d「陸奥亀ヶ岡石器時代遺跡地勢地質及ビ発見品」『東京地学協会報告』第18巻第2号

佐藤傳蔵 1900 a「載籍上の亀ヶ岡」『東京人類学会雑誌』第16巻第176号

佐藤傳蔵 1900 b「亀ヶ岡より出る青玉の原石産地」『東京人類学会雑誌』第16巻第176号

佐藤広史 1985「型式の空間分布から観た土器型式」『赤い本　片倉信光氏追悼論文集』

杉山寿栄男 1924『原始文様集』工芸美術研究会

杉山寿栄男 1928『日本原始工芸』工芸美術研究会

鈴木克彦・川口　潤 1985「亀ヶ岡遺跡沢根D区出土の遺物」『青森県立郷土館調査研究年報』第10号

鈴木克彦 2015『遮光器土偶の集成研究』弘前学院出版会

関根達人 2013「土器の編年」『青森県史　資料編　考古2　縄文後期・晩期』青森県史友の会

関根達人 2014「青森県における縄文時代の遺跡数の変遷」『第四紀研究』第53巻第4号

田中克典ほか編 2015『日本の古代米Ⅱ　佐藤敏也コレクションの研究』弘前大学人文学部北日本考古学研究センター

つがる市教育委員会 2019『史跡亀ヶ岡石器時代遺跡総括報告書』つがる市遺跡調査報告11

辻誠一郎・佐野忠史 2015『つがる市の環境変遷と縄文遺跡　つがる市合併10周年記念冊子』つがる市教育委員会

坪井正五郎 1895・1896「コロボックル風俗考　第一～十回」『風俗画報』90・91・93・95・99・102・104・106・108（斎藤忠編1971『日本考古学選集2　坪井正五郎集―上巻』に再録）

東京国立博物館 2009『東京国立博物館所蔵　骨角器集成』

鳥居龍蔵 1953『ある老学徒の手記　考古学とともに六十年』朝日新聞社

永嶋正春 2012「縄文時代の技術・生活・文化―出土漆の調査から見えてくるもの―」『平成24年度特別展　漆―その歴史と文化―』千葉市立郷土博物館

中谷治宇二郎 1929a「東北地方石器時代遺跡調査予報」『人類学雑誌』第44巻第3号

中谷治宇二郎 1929b『日本石器時代提要』岡書院

中谷治宇二郎 1935『日本先史学序史』岩波書店

那須孝悌・山内　文 1980「縄文後期・晩期低湿性遺跡における古植生の復元」『自然科学の手法による遺跡・古文化財等の研究』文部省科学研究費特定研究「自然科学の手法による遺跡・古文化財等の研究」

根岸　洋 2020『東北地方北部における縄文／弥生移行期論』雄山閣

長谷部言人 1924「石器時代土偶の所謂遮光器に就いて」『考古学雑誌』第14巻第10号

林　謙作 2004『縄紋時代史Ⅰ』雄山閣

福田友之 1993「亀ヶ岡文化圏の物の動き―東北地方北部の黒曜石・ヒスイ製品を中心として―」『考古学ジャーナル』No.368

藤沼邦彦 2013「江戸時代の亀ヶ岡遺跡研究史」『青森県史　資料編　考古2　縄文後期・晩期』青森県史友の会

古島敏雄ほか解題・校注 1977「奥民図彙」『日本農書全集』第1巻　農山漁

村文化協会

三田史学会 1959『亀ヶ岡遺蹟―青森県亀ケ岡低湿地遺蹟の研究―』有隣堂出版

蓑虫山人 1887「陸奥瓶岡ニテ未曾有ノ発見　津軽ノ蓑虫翁ノ手東」『東京人類学会報告』第 2 巻第16号

村串まどかほか 2017「亀ヶ岡遺跡出土ガラス玉の考古化学的分析とその意義」『青森県埋蔵文化財調査センター研究紀要』22号

村越　潔 2007『青森県の考古学史―先覚者の足跡を尋ねて―』弘前大学教育学部考古学研究会 OB 会

矢野健一ほか 2022「辰馬考古資料館所蔵の土偶・土製品・石製品」『辰馬考古資料館　考古学研究紀要』7　辰馬考古資料館

山野井徹・佐藤牧子 1984「亀ヶ岡遺跡の花粉分析―沢根 B- 2 区を中心として―」『亀ヶ岡石器時代遺跡』青森県立郷土館調査報告第17集・考古- 6

山野井徹 2015『日本の土―地質学が明かす黒土と縄文文化』築地書館

山内清男 1930「所謂亀ケ岡式土器の分布と縄紋式土器の終末」『考古学』第 1 巻第 3 号

山内清男 1932「日本遠古之文化　四　縄紋土器の終末二」『ドルメン』第 1 巻第 7 号

山内清男 1937「縄紋土器型式の細別と大別」『先史考古学』第 1 巻第 1 号

山内清男 1964「縄紋式土器・総論」『日本原始美術 1　縄文式土器』講談社

若林勝邦 1889「陸奥亀岡探求記」『東洋学芸雑誌』第97号

若林勝邦 1891「貝塚土偶二就テ」『東京人類学会雑誌』第 6 巻第61号

若林勝邦 1896「石器時代の土器中に入りしものは何か」『東京人類学会雑誌』第12巻第128号

『国立国会図書館蔵版　耽奇漫録』上・下 1993　吉川弘文館

N. G. Munro 1911 PREHISTORIC JAPAN（第一書房より1982年復刻）

写真図版出典・所蔵・提供一覧

表紙・口絵7頁上・8頁上　ColBase（https://colbase.nich.go.jp/）

口絵1頁上　JOMON ARCHIVES 縄文遺跡群世界遺産保存活用協議会撮影（令和2年）

口絵1頁下　縄文遺跡群世界遺産保存活用協議会撮影（令和4年）

口絵2頁上・2頁中・2頁下・3頁上・3頁下　つがる市教育委員会

口絵4頁上・4頁下・5頁下・図58　青森県立郷土館

口絵5頁上　杉山1928

口絵6頁上・8頁下・図55　個人蔵、つがる市教育委員会提供

口絵6頁下・7頁下　東京大学総合研究博物館

図1　青森県2009『青森県遺跡地図』を編集

図2　杉山1928

図3・20・74・75　国土地理院ウェブサイトの地理院地図 Vector（https://maps.gsi.go.jp/vector/）を加工して著者作成

口絵2頁上・2頁中・2頁下・3頁上・3頁下・8頁下・図5・7・40・41・47・49・64・65・67・68・72　つがる市教育委員会

図8　古島ほか解題・校注1977

図9　大館市立栗盛記念図書館

図10　『国立国会図書館蔵版耽奇漫録』上 1993

図11　個人蔵、青森県立郷土館提供

図12　神田1887

図13　佐藤1887

図14　弘前大学人文社会科学部北日本考古学研究センター

図15　坪井1895

図16・22　佐藤1896 a

図17　杉山1924・1928

図18　著者提供

図19　山内1937

図21　辻・佐野2015を一部改変

図4・23・39・42〜46・48・50〜54・66・69〜71　つがる市教育委員会2019より作成

図24～27・35　三田史学会1959より作成

図28　三田史学会1959

図29・32・37・38　青森県立郷土館1984より作成

図30　青森県立郷土館1984と鈴木・川口1985より作成

図31　出典：JOMON ARCHIVES　青森県立郷土館所蔵、田中義道撮影

図33　佐藤1896 d

図34　佐藤1896 b

図36　若林1889

図56　1・3：矢野ほか2022、2・12・13：つがる市教育委員会2019、4：鈴木2015、5・6・9・10：若林1889、7・8：佐藤1896 b 、11：三田史学会1959、14：青森県立郷土館1984

図57　15・16・24：矢野ほか2022、17：青森県教育委員会1974、18・19・21・23：青森県立郷土館1984、20：佐藤1896 a、22：佐藤1896 b、25：つがる市教育委員会2019、26：赤坂ほか2008、27：三田史学会1959、28：大野1900、29：若林1891

図59　つがる市教育委員会2019と三田史学会1959より作成

図60　若林1896

図61　1・4・8・9：東京国立博物館2009、2・5・6：三田史学会1959、3：金子・忍沢1986、7・10・15・17・20：佐藤1896 b、11～14・16・18・19・21：金子・鈴木1983

図62　1・2：東京国立博物館2009、3・7：佐藤1896 b、4・5・8：金子・鈴木1983、6・9：三田史学会1959

図63　1・2・4～11：三田史学会1959、3：青森県立郷土館1984

図73　林2004

図76　国土地理院ウェブサイトの地理院地図 Vector（https：maps.gsi.go.jp/vector/）を加工して著者作成。遺跡は福田1993および各報告書による

あ　と　が　き

　亀ヶ岡遺跡の名を初めて知ったのはいつ頃のことだろう。本書を執筆中、そんな疑問がふと頭をよぎった。今となっては記憶が定かでないが、亀ヶ岡遺跡から遠い地に生まれ育った筆者の経験として、「三尺の童子」とはいかないまでも、小学校高学年の頃までには遺跡の名や遮光器土偶の姿を目にすることがあったように思う。

　仙台で考古学を学んでいたとき、亀ヶ岡遺跡をはじめとする青森県内の有名な遺跡を一度は見たいと思い、先輩の車に乗せてもらって現地を訪れたことがある。正直にいえば、当時の筆者にとって、亀ヶ岡遺跡は掘り尽くされた学史のなかの遺跡というイメージが強かった。しばらく後、何の縁があってか亀ヶ岡遺跡の丘陵上を発掘調査する機会に恵まれたこともあり、その見方は大きく変わった。調査初日の高まる緊張のなか、表土を掘削する重機の爪先を凝視していたこと、そして調査の過程で次々と遺構の存在が明らかになり、その輪郭を出すためにジョレンで地面を掻き続けたことを今でも鮮明に記憶している。

　本書は、令和元年につがる市教育委員会が刊行した『史跡亀ヶ岡石器時代遺跡総括報告書』の内容を骨子としつつ、総括報告書で取り扱えなかった各種の採集資料にもできる限り目配りしながら構成したものだが、共同墓地の評価に関する第7章では、比較対象となる関連遺跡のデータを整理し直したうえで新たに私見を示している。総括報告書において、亀ヶ岡遺跡を共同墓地として評価したも

のの、その根拠を十分に説明できていないという思いが頭の片隅にあり続けた。加えて、亀ヶ岡文化圏という広い視野の中で遺跡を捉えなおす必要性も常々感じていた。本書執筆の機会を得たことで、再度この問題に取り組んでみたが、縄文社会の組織や交流といった筆者の力量をはるかに超えるテーマにまで踏み込むこととなり、先行研究に対する浅薄な理解や関連遺跡の調査成果の独善的解釈に陥った印象はぬぐえない。亀ヶ岡遺跡や他の遺跡の今後の調査成果をふまえ、いずれ本書の内容を検証していきたいと思う。

　本書の性格上、巻末の参考文献は最小限に抑えたが、そのほかにも執筆の過程で多くの資料報告・調査報告や研究論文を参照させていただいた。亀ヶ岡遺跡の全体像解明は、先学に負うところが大きいことを改めて強調しておきたい。

　本書に示した見解に筆者が至るまでに、多くの先生方から折に触れて貴重なご指導やご助言を頂戴した。文化庁ご在職中に亀ヶ岡遺跡の調査方針等についてご指導くださり、また本書執筆の機会を与えてくださった水ノ江和同先生、亀ヶ岡遺跡の調査指導委員会や史跡保存活用計画策定委員会・史跡保存整備検討委員会においてご指導くださった石﨑武志、岡田康博、工藤竹久、小林克、関根達人、高橋龍三郎、吉川昌伸、渡辺丈彦の先生方に厚く御礼申し上げる。また、亀ヶ岡遺跡の魅力を高めるため、日々遺跡に関わり続けるNPO法人つがる縄文の会の皆様、遺跡ボランティアガイド「つがる縄文遺跡案内人」の皆様、つがる市教育委員会文化財課の皆様に心より感謝申し上げる。

　　　2024年8月　　　　　　　　　　　　　　羽石智治

水ノ江和同
近江　俊秀　監修「新日本の遺跡」⑤

亀ヶ岡石器時代遺跡

■著者略歴■

羽石　智治（はねいし・ともはる）

1976年、埼玉県生まれ

東北大学大学院文学研究科　博士後期課程単位取得退学

㈶群馬県埋蔵文化財調査事業団を経て、現在、つがる市教育委員会
文化財課勤務

主要論著　『史跡亀ヶ岡石器時代遺跡総括報告書』（共著）つがる市
　　　　　教育委員会、2019年。「亀ヶ岡遺跡最新情報─縄文時代晩期の
　　　　　土坑墓群─」『月刊考古学ジャーナル』№756、ニューサイエン
　　　　　ス社、2021年。

2024年11月15日発行

著　者	羽　石　智　治
発行者	山　脇　由紀子
印　刷	亜細亜印刷㈱
製　本	協　栄　製　本㈱

発行所　　東京千代田区平河町 1-8-2　　㈱ 同成社
　　　　　（〒102-0093）山京半蔵門パレス
　　　　　TEL　03-3239-1467　振替　00140-0-20618

© Haneishi Tomoharu 2024. Printed in Japan
ISBN 978-4-88621-992-3　C1320

新日本の遺跡　既刊

①三万田東原遺跡

九州縄文人のアクセサリー工房

大坪志子著　四六判　146頁　本体1800円

大量の縄文土器が出土し百年以上の研究史をもつ三万田東原遺跡。近年の調査で判明した玉製作の実態など、遺跡の魅力を平易に語る。

②大宰府跡

古代九州を統括した外交・軍事拠点

赤司善彦著　四六判　154頁　本体1800円

古代の九州諸国を統括しつつ、平時には外交、戦時には国防の最前線を担った大宰府。考古学的な視点から、その全貌を平易に解説する。

③旧相模川橋脚

関東大震災によって蘇った中世の橋

大村浩司著　四六判　138頁　本体1800円

関東大震災による液状化で地表に現れ、史跡と天然記念物の2つの性格をもつ稀有な存在である本遺跡の特性を考古学的に解説する。

④楯築遺跡

吉備に築かれた弥生時代最大の墳丘墓

宇垣匡雅著　四六判　142頁　本体1800円

前方後円墳出現の百年も前に築かれた本遺跡は、後の古墳時代到来にいかなる役割を果たしたのか。発掘成果から時代の節目を読み解く。